Das erste Ma(h)l

Das erste Ma(h)l

Ein Aufklärungsbuch für Kochanfänger und Küchenmuffel

Bernd Weber

*Bibliografische Information der Deutschen National-bibliothek:
Die Deutsche Nationalbibliothek verzeichnet diese Publikation in der Deutschen Nationalbibliografie; detaillierte bibliografische Daten sind im Internet über http://dnb.dnb.de abrufbar.*

© 2013 Bernd Weber

Illustration: **Rebecca Kießling**
Lektorat: **Konstance Papakonstantinou**

Herstellung und Verlag: BoD – Books on Demand, Norderstedt

ISBN: 978-3-7322-6467-4

Inhalt

Das Credo 1

Kochen – wieso denn bloß? 3

Kann das denn so einfach sein? 7

Die Messer wetzen: Was braucht's zum Koch? 12

Vorratshaltung – nicht nur für schlechte Zeiten 16

Das kann ja jeder! Nudeln kochen. 20

Heiß auf Reis 26

Ach du dickes Ding! Die tolle Knolle 28

Gemüse muss (kein Mus) sein 36

Bloß nicht vom Fleisch fallen 43

Da lachen ja die Hühner: Geflügel 57

Frische Fische fischen 62

Da lachen ja schon wieder die Hühner: Eier 68

Kombiniere – buntes Allerlei 73

Jetzt haben Sie den Salat! 80

Suppenliebe 87

Süße Sünde: Das Dessert 91

Epilog 99

Das Credo

Essen ist ein bisschen wie Sex. Man kann es genießen, man kann es verschmähen, es kann lecker sein oder verdorben. Man kann es alleine tun, aber mehr Spaß macht's zu zweit – oder sogar in der Gruppe.

Wenn Essen Sex ist, dann ist Kochen das Vorspiel. Man kann darauf verzichten: einfach das Objekt der Begierde aufreißen, schnell heiß machen und direkt verschlingen. Aber wer will schon immer Fast Food?

Sie jedenfalls haben dieses Buch gekauft oder geschenkt bekommen, weil Sie es lernen wollen. Oder weil jemand sich wünscht, dass Sie es lernen, dass Sie endlich kochen lernen. Es ist nur so: Sie können es schon.

Das erste Ma(h)l

Ja, Sie können kochen, und sogar ziemlich lecker. Vorausgesetzt, Sie beachten zwei Grundregeln:

> Regel Nummer 1: Verwenden Sie nur gute Zutaten!
>
> Regel Nummer 2: Kochen Sie mit Liebe!

Das ist alles. Regel Nummer 1 und Regel Nummer 2, verbunden mit gesundem Menschenverstand und etwas allgemeiner Lebenserfahrung; das versetzt Sie in die Lage zu kochen. Lecker zu kochen.

Den Rest der Lektüre können Sie sich sparen. Legen Sie das Buch zur Seite oder löschen Sie es von Ihrem eBook-Reader, und dann legen Sie los: Geschnetzeltes mit Rösti? Oder ein Reis-Gemüse-Auflauf? Spagetti mit Tomatensoße?

Guten Appetit!

Kochen – wieso denn bloß?

Warum ist Kochen besser als Fast Food? Nun, gegen einen Quickie ist an sich nichts einzuwenden. Aber irgendwann hat man ja die Nase voll von Fertiggerichten, von Pizzaservice oder vom ewigen Spiegelei auf Brot. Wissen Sie noch, neulich bei Mutter, diese leckere Gemüsecreme-Suppe – mmmh! So kann's nur Mama. Wie macht die das bloß?

Aber dann, dann ist es auf der Arbeit wieder spät geworden, vorm Fernseher schien es Ihnen gemütlicher als am Küchenherd, und ein Wurstbrot ist nun mal schneller gemacht als eine Portion Bratkartoffeln. Ja, und außerdem: Muss man die Kartoffeln eigentlich roh braten oder vorher kochen? Sie haben ja keine Ahnung vom Kochen...

Moment – da steht doch noch dieses Kochbuch im Regal, das hat Ihnen Beate letztes Jahr zum Geburtstag geschenkt. Ach ja, die Beate, die meint es nur gut mit Ihnen. Sie schlagen es auf und... Ja, das sieht eigentlich alles ganz lecker aus. Vielleicht sollten Sie doch mal Beate zum Essen einladen? Aber besser erst mal probekochen – alleine. Also mal schauen, was brauchen

Das erste Ma(h)l

Sie für das erste Rezept... Sherryessig, Kürbiskernöl – ob's das wohl bei Aldi gibt? Vielleicht doch besser das nächste Rezept, mit jungem Spitzkohl und 100 g kleinen jungen Spinatblättern. Möglicherweise gibt es das alles bei Aldi nicht, also beschließen Sie zum klassischen Supermarkt zu gehen: EDEKA ist doch vorne an der Ecke und die lieben schließlich Lebensmittel.

„Entschuldigung, ich suche kleine junge Spinatblätter", sprechen Sie eine der Lebensmittelliebenden Mitarbeiterinnen an. „Spinatblätter? Et jibt Blattspinat oder Rahmspinat, schaun Se mal vorne in de Tiefkühltruhe." „Aha. Und Spitzkohl, jungen Spitzkohl?" „Spitzkohl? Also, mir habn hier Schinakohl und Blumnkohl. Aber Spitzkohl? Gehn Se da vielleicht ma besser zum Jemüsehändla im Rosenwech, vielleicht hat der dat." „Und hat der auch junges Gemüse?" „Hä?" „Schon gut, danke."

Am Ende haben Sie tatsächlich alle Zutaten bekommen. Gut, Sie mussten dafür mehrere Geschäfte besuchen, und Mittagessenszeit ist längst vorbei, aber den ersten Hunger haben Sie ja schon mal mit einem Doppelwhopper mit Bacon und Extrakäse gestillt, und der wurde immerhin frisch für Sie zubereitet, wegen der Extrawünsche. Zuhause angekommen wird Ihnen schnell klar: 90% der Zutaten werden im Vorratsschrank landen, und zwei Drittel davon werden Sie spätestens in einem halben Jahr wegwerfen, wenn sie anfangen zu gammeln. Denn für alle anderen Rezepte aus Beates Kochbuch werden Sie genau diese Zutaten nicht mehr brauchen.

Egal, Sie schreiten zur Zubereitung. Sie folgen sorgfältig den Anweisungen des Kochbuchs. Der kleine Zeiger Ihrer Uhr ist wieder um eine Ziffer weiter gerückt, der Hunger wächst, hätten Sie vielleicht doch besser das Maxi-Menü genommen? Sie kämpfen sich durch, und zu guter Letzt haben Sie ein Essen auf dem Teller. Aber irgendwie sieht das nicht ganz so appetitlich aus wie auf dem Foto. Was haben Sie falsch gemacht? Die Zwiebeln in Stiftchen statt in Würfelchen geschnitten? Den Spitzkohl 8 Minuten statt 6 Minuten gekocht?

Etwas demotiviert stellen Sie Beates Kochbuch wieder ins Regal. Vielleicht haben Sie ja irgendwann noch mal Lust zu kochen, aber erst mal halten Sie sich wieder an Dosen-Ravioli, die Sorte „Diavoli" schmeckt doch eigentlich ganz gut. Naja, zumindest nicht ganz schlecht.

Fazit: Sie würden gerne gut essen, aber Kochen muss alltagstauglich sein. Günstig. Schnell. Einfach. Wie der Doppelwhopper – nur besser.

Das erste Ma(h)l

Kein Problem.

Günstig: Fast immer ist selber kochen billiger als Fertiggerichte oder Fast Food. Seien Sie beim Preisvergleich fair: Rechnen Sie nur den Anteil der Zutaten ab, den Sie auch tatsächlich verwendet haben. Das was über bleibt verwenden Sie übernächste Woche wieder, was verderblich ist schon morgen. Alles eine Frage der Organisation. Vorausgesetzt Sie verwenden alltägliche Zutaten, die für mehr als ein Rezept taugen. Das geht sogar mit dem Kochbuch von Beate, wenn Sie die Zutatenliste ein wenig verändern.

Schnell: Ganz schnell geht's nicht immer, aber in 30 Minuten lässt sich schon einiges auf den Teller zaubern. Planen Sie voraus: Wenn Sie gerade am Supermarkt vorbeikommen, nehmen Sie auch gleich die Zutaten mit, die Sie in zwei Tagen brauchen werden. Aber auch ohne vorherigen Einkauf – eine Kleinigkeit lässt sich immer improvisieren, der Vorratsschrank ist schließlich nicht leer. Und: Kochen Sie auf Vorrat. Dann reicht's für den nächsten Tag auch noch, und der Rest kommt ins Eisfach. Darüber freuen Sie sich dann in ein paar Wochen.

Einfach: Wie gesagt, es geht auch ohne Kochbuch. Sie müssen nur zwei Dinge beachten: Regel Nummer 1 und Regel Nummer 2...

Kann das denn so einfach sein?

Kochen ohne Rezepte, ohne Kochschule, kann das gut gehen?

Sagen wir so: Wären wir beim Sex auf die Aufklärung durch das Dr.-Sommer-Team angewiesen, dann wäre die Menschheit schon in der Steinzeit ausgestorben. Eine in Stein gemeißelte BRAVO ist der Archäologie bislang nicht bekannt.

Und so ist es auch mit Essen. Werfen wir zur Erkenntnisgewinnung einen Blick in das „Buch der Bücher":

Vor einigen Millionen Jahren schuf Gott den Himmel und die Erde. Er ließ junges Grün wachsen, alle Arten von Pflanzen, die Samen tragen, und von Bäumen, die auf der Erde Früchte bringen. Er ließ das Wasser wimmeln von lebendigen Wesen und Vögel über das Himmelsgewölbe dahinfliegen, und brachte an Land alle Arten von Vieh, Kriechtieren und Tieren des Feldes hervor. Dann schuf Gott den Menschen, der herrschen sollte über die Vögel des Himmels, das Vieh und die ganze Erde. Er übergab ihm alle Pflanzen, die Samen tragen auf der ganzen Erde – sie sollten ihm als Nahrung dienen. So geschah es. Und der Mensch kostete von allem. Er grillte den Fisch am Feuer, er kochte den Hasen im Topf, er briet Kartoffeln in der Pfanne und aß den Apfel frisch vom Baume. Und der Mensch sah, dass es gut war. Nein, es war sehr gut. Es wurde Abend und es wurde Morgen – Zeit für Rührei mit Speck. (Frei nach Genesis 1, 1-31).

Laut Bibel hat also der liebe Gott dafür gesorgt, dass es uns auf der Erde zumindest in kulinarischer Hinsicht gut geht. Der Naturwissenschaftler würde vielleicht sagen: Im Laufe der Evolution entwickelte der Mensch Geschmacksnerven, die genau das schmackhaft finden, was er zum Leben braucht: Süß soll's sein, für die Power aus Kohlenhydraten; salzig, für den Elektrolythaushalt; fettig, für geballte Energie. Die Pflanzen wiederum, jedenfalls die, „die Samen tragen", wie Genesis 1, 29 einschränkend erwähnt, wollen gegessen werden, um ihren Samen zu verbreiten. Deshalb haben sich wiederum unseren Bedürfnissen angepasst, indem sie genau so schmecken, wie wir sie gerne mögen. Am Ende der Schöpfungsgeschichte haben wir also folgende erfreuliche Situation: Alles, was wir als Nahrungsmittel bezeichnen, schmeckt von Natur aus gut. Und zwar oft auch roh, im ungegarten

Zustand. Oder was glauben Sie haben unsere Vorfahren gegessen bevor Sie lernten Feuer zu machen?

Essen Sie doch mal wieder eine knackige Karotte, eine saftige Tomate oder ein frisches Mett-Brötchen. Ja, rohes Fleisch. Und schmecken Sie, wie lecker die pure Natur sein kann!

Wozu dann noch kochen? Anders gefragt: Wozu verwöhnen Sie Ihren Partner vor dem Liebesspiel mit einer sanften Massage, wozu zünden Sie die Duftkerze an und legen Kuschelrock auf (oder auch Heavy Metal mit Handschellen und Peitsche, jeder wie er mag)? Sie kennen die Antwort: Es geht darum, das Einfache, das Gute noch besser zu machen, es zu veredeln. Genau das ist Kochen, nicht mehr und nicht weniger. (Sicher, manche Nahrung ist ohne Kochen ungenießbar, aber dazu später mehr.)

Die beste Veredelung nützt aber nichts, wenn die Grundzutaten nicht die gewünschte Qualität haben: Die inneren und äußeren Werte müssen stimmen, sonst macht das Naschen keinen Spaß. Unsere Vorfahren hatten stets frisch gepflückte Pflanzen, frisch erlegtes Tier. Aber das in unserem Groß- und Kleinstadtdschungel zu ergattern ist nicht immer leicht: wässrige Tomaten, künstlich hochgezüchtete Schweine, geschmacklose Eier, das sind die Probleme der heutigen Jäger und Sammler. Deshalb heißt es: Augen auf beim Einkauf!

> Regel Nummer 1: Nur gute Zutaten verwenden.

Achten Sie auf Qualität, auf Frische. Dazu später in den einzelnen Kapiteln mehr.

Aber auch wenn Sie nun ein traumhaftes Geschöpf in der Pfanne liegen haben, Sie können immer noch alles kaputt machen: Zerkochen, versalzen, was auch immer. Wie das geht erfahren Sie beim Küchenchef Ihrer Betriebskantine.

Damit Essen beim Kochen auch wirklich besser wird, ist es notwendig mit Sorgfalt zu kochen. „Mit Liebe kochen", könnte man auch sagen. Mit Liebe kochen heißt: dabei bleiben, probieren ob's gar ist, darauf achten, dass es nicht verbrennt, nach Geschmack würzen. Dann wird zumindest Ihr Gaumen die Liebe erwidern, die Sie beim Kochen eingesetzt haben. Und je nach Gesellschaft nicht nur der...

> Regel Nummer 2: Mit Liebe kochen.

Kann das denn so einfach sein?

Alle weiteren Voraussetzungen besitzen Sie schon: Den gesunden Menschenverstand etwa. Sie können kombinieren, Zusammenhänge erkennen, Schlussfolgerungen ziehen. Und die Lebenserfahrung. Schließlich essen Sie seit Ihrer Geburt mehrmals täglich. Sie sind also ein Ess-Experte. Da hat sich im Laufe der Jahre jede Menge Wissen angesammelt – Sie müssen es nur abrufen.

Wenn Sie also diese beiden Regeln beachten, dann werden Sie sehen: Sie sind ein Naturtalent. Sie brauchen keinen Dr. Sommer und keinen Dr. Oetker. Viel Vergnügen!

Die Messer wetzen: Was braucht's zum Koch?

Haben Sie schon genug vom Vorgeplänkel, wollen Sie endlich ran an den Topf? Dann springen Sie doch direkt zum Kapitel „Nudeln". Für alle, die ein langes Vorspiel lieben, geht's hier weiter:

Öffnen Sie jetzt bitte mal Ihren Küchenschrank, und beschreiben Sie, was Sie da an Kochutensilien sehen: Da ist der alte Kochtopf, den Ihre Mutter nicht mehr brauchte, weil Sie ihr ja zu Weihnachten einen neuen, extra schweren, titanbeschichteten Edelstahlkochtopf geschenkt hatten. Und dann noch die Pfanne, die vor einem halben Jahr bei Tchibo im Angebot war. Ein Küchenmesser sehen Sie da, vielleicht auch einen Sparschäler. Normales Essbesteck ist eh vorhanden. Genauso wie Teller, eine Schüssel und das Vesperbrett.

Na prima, dann können Sie ja direkt loslegen, mehr brauchen Sie für den Anfang nicht.

Oder?

Fleischmesser, Gemüsemesser, kleines Messer, großes Messer, mit Zacken und ohne Zacken... Eine große Auswahl an Messern sieht wirklich schick aus im Messerblock, und alle werden Sie für den größten Koch on Earth halten. Aber benutzen werden Sie dann doch meistens das mittelgroße 08/15-Küchenmesser, ungezahnt. Damit schneiden Sie die Zwiebel, die Tomate, die Kartoffel und das Fleisch. Auch Knoblauch lässt sich damit in feine Würfel schneiden, dann sparen Sie sich auch die Knoblauchpresse – ist eh besser für das Aroma. Am meisten Spaß macht es mit einem richtig scharfen Messer. Und da Schärfe leider – da nützt auch das beste WMF-Messer nichts – kein Zustand von Dauer ist, besorgen Sie sich am besten einen Schleifstein oder Wetzstahl. Gibt's in verschiedenen Ausführungen und ist gar nicht so schwer zu benutzen.

> **TIPP**
>
> Küchenmesser werden in der Spülmaschine schnell stumpf, also besser von Hand reinigen.

Nur das Schälen von Gemüse, das machen Sie besser nicht mit dem scharf geschliffenen Küchenmesser, sondern mit einem Sparschäler.

Als Schneidebrett nehmen Sie das kleine Vesperbrett aus der Küchenschublade. Mehr Spaß macht's mit einem größeren Schneidebrett, jedenfalls dann wenn größere Mengen an Gemüse zu schnippeln sind. Dass Schneidebretter aus Kunststoff hygienischer sind als das klassische Holzbrett ist übrigens widerlegt: Auch im Kunststoff sammeln sich in den kleinen Einschnitten Keime, aber im Holzbrett werden einige davon von den Gerbstoffen im Holz abgetötet. Superhygienisch ist natürlich ein Schneidebrett aus Glas, aber das macht die Messer schneller stumpf. Sie haben die Wahl.

Pfannen und Töpfe in allen Größen... sind Luxus, schön wenn man's hat. Aber in dem mittelgroßen Topf von Mutter können sie sowohl Spaghetti kochen als auch eine Handvoll Möhren. Und in die Tchibo-Pfanne passt eine große Portion Bratkartoffeln, aber auch ein einzelnes Steak fühlt sich darin wohl. Erst wenn aus den ersten Kochversuchen richtige Menüs werden mit Suppe, Fleisch, Gemüse, Beilage, Soße, dann brauchen Sie mindestens so viele Pfannen und Töpfe wie ihr Herd Kochstellen hat.

Kochlöffel, Pfannenwender und Co... machen das Leben leichter. Doch die Suppe können Sie genauso gut mit einem Esslöffel umrühren. Aber die Tchibo-Pfanne hat doch diese Antihaft-Beschichtung und wird zerkratzt von normalem Metallbesteck? Ja, aber Sie kennen doch die

Die Messer wetzen: Was braucht's zum Koch?

Sterneköche im Fernsehen, die brauchen kein Pfannenwender, um das Bratgut zu wenden. Nein, die packen die Pfanne am Stiel, und mit einer kreisenden Bewegung nach vorne oben lassen sie das Bratgut durch die Luft wirbeln und fangen es mit der Pfanne wieder auf. Sie meinen, das können Sie nicht? Probieren Sie's ein paarmal aus, und Sie werden sehen, es ist einfacher als man denkt. Und wenn der Pfannkuchen bis zur Decke hochwirbelt macht das bei Gästen mächtig Eindruck.

Also nochmal: Topf, Pfanne, Küchenmesser, Sparschäler, Brett, Essbesteck. Ist alles schon da, oder?

Das erste Ma(h)l

Vorratshaltung – nicht nur für schlechte Zeiten

Beates Kochbuch ist für Anfänger geeignet. Deshalb ist im ersten Kapitel in alphabetischer Reihenfolge aufgezählt, was die pflichtbewusste Hausfrau stets auf Vorrat haben sollte. H wie haben müssen: H-Milch, Honig, Haferflocken... Herrje, wozu die Aufzählung, wozu der Großeinkauf – kaufen Sie doch einfach das, was Sie gerade brauchen! Der EDEKA ist schließlich direkt um die Ecke, auch wenn's da keinen Spitzkohl gibt. Der Schrank füllt sich ganz von selbst durch Dinge, die übrig bleiben: die Zwiebeln von den Bratkartoffeln, das Oregano vom Spagettigericht, die Brühwürfel von der Suppe. So haben Sie auch schnell einiges zusammen für spontane Kochaktivitäten. Und schon bald wird sich die Entscheidung was Sie kochen (auch) danach richten, was gerade noch aufgebraucht werden muss.

Überspringen wir also Kapitel 1 von Beates Kochbuchs und kommen direkt zum zweiten Kapitel, das aufzählt, welche Lebensmittel wie lange aufbewahrt werden können und auf welcher Ebene im Kühlschrank (= unterschiedliche Temperaturen) es sich am besten hält, und welches

Vorratshaltung – nicht nur für schlechte Zeiten

Gemüse am besten in eine Folie eingepackt wird, welches in ein luftdichtes Gefäß sollte und welches in feuchte Tücher gewickelt werden muss. Das können Sie sich alles einprägen, wenn Sie einen Terrabyte-großen Speicherchip eingebaut haben, dort wo bei anderen Menschen das Gehirn sitzt. Ansonsten verstauen Sie die Lebensmittel so, wie es Ihnen in den Sinn kommt. Ist ja klar, dass die Butter in den Kühlschrank kommt und dass Fleisch nicht offen herum liegen soll. Und wenn Sie nach einiger Zeit merken, dass die Radieschen bei Ihnen immer bereits nach wenigen Tagen schrumpelig werden, dann können Sie immer noch nach Tipps zur optimalen Lagerung suchen. Und wenn Sie's genau nehmen wollen, macht es natürlich Sinn, leicht verderbliche Waren wie Fleisch und Wurst in dem Teil des Kühlschranks aufzubewahren, wo es am kältesten ist. Und das ist unten, wir erinnern uns dunkel an dem Physikunterricht: Kalte Luft ist schwerer als warme und sinkt deshalb nach unten.

Sie lesen weiter in Kapitel zwei: „Gewürzgurken halten sich geöffnet ca. zwei Wochen im Kühlschrank." Wann war das noch, als Sie das Gurkenglas geöffnet hatten... vor drei Wochen? Oder waren's schon fünf? Nun, netterweise hat uns der liebe Gott Sensoren für vergammelte Lebensmittel eingebaut. Was nicht mehr gesund ist, schmeckt oder riecht (meist) auch nicht mehr gut, oder es sieht schon direkt unappetitlich aus. Wie praktisch.

Dann noch das Gewürzregal, was sollte da mindestens drin stehen? Curry, Paprika, Zimt, Kümmel, getrocknete Kräuter... Brauchen Sie alles erst mal nicht. Regel Nummer 1, Ihre Nahrung ist von Natur aus gut, bringt genügend eigenes Aroma mit. Salz und Pfeffer – das reicht. Aber dafür ein Gewürzregal? Nein. Denn das Salz bleibt in der Packung (oder im Tupperdöschen, wenn Sie mögen). Der Salzstreuer taugt bestenfalls fürs Frühstücksei, beim Kochen aber brauchen Sie ein Gefühl für die Menge. Das geht am besten wenn Sie das Salz direkt zwischen die Fingerspitzen nehmen oder in die Hand schütten (Regel Nummer 2: mit Sorgfalt kochen). Und einen Pfefferstreuer brauchen Sie deshalb nicht, weil Sie eine Pfeffermühle benutzen. Frisch gemahlen hat Pfeffer einfach mehr Aroma (Regel Nummer 1).

Auch für Kräuter brauchen Sie kein Gewürzregal, denn wenn Sie Kräuter benutzen wollen, dann kaufen Sie frische Kräuter, nicht die getrockneten aus dem Döschen. Frische Kräuter sind das i-Tüpfelchen einer Mahlzeit, aber nicht das Wichtigste. Es geht auch ohne.

Vorratshaltung – nicht nur für schlechte Zeiten

So, los geht's…

Das kann ja jeder! Nudeln kochen.

Das erste Mal Nudeln kochen – das haben Sie bestimmt schon längst hinter sich. Denn Nudeln kochen ist kinderleicht: Nudeln in kochendes Salzwasser werfen und kochen, bis sie weich sind, Wasser abgießen, und fertig ist ein nahrhaftes, leckeres Essen. Klar, das kann jeder.

Es ist aber schon auch möglich, Nudeln kaputt zu kochen, so dass sie teigig und klebrig sind. Man muss also wissen: Wie viel Wasser soll ich in den Topf geben? Wie viel Salz? Wie lange müssen die Nudeln kochen?

Muss man das wissen?

Nein. Sie müssen nur Ihren Kopf einschalten. Denn mit Sorgfalt kochen (Regel Nummer 2) heißt auch: mit Köpfchen kochen.

Also, zur Wassermenge. Sie überlegen sich: Getrocknete Nudeln saugen beim Kochen das Wasser wieder auf, das ihnen beim Trocknen entzogen wurde. Also werden sie im Volumen deutlich zunehmen. Damit sie dann immer noch genügend Platz haben im Topf, müssen sie im Rohzustand von reichlich Wasser umgeben sein.

Jetzt wissen Sie also: „reichlich Wasser verwenden". Das ist nicht gerade eine genaue Angabe. Da Sie sich aber den Zusammenhang zwischen Nudel-Volumen und Wassermenge vergegenwärtigt haben, reicht dieses Ergebnis völlig aus, um erfolgreich Nudeln zu kochen. Ob Sie dann für eine Portion Nudeln 1, 2 oder 3 Liter Wasser nehmen ist völlig gleichgültig, Hauptsache Sie wissen: Nicht zu wenig Wasser nehmen, sonst kleben die vollgesogenen Nudeln aneinander. (Und zu viel Nähe ist bekanntlich nicht gut!) Und so ist auch die Anweisung aus Beates Kochbuch „2,5 Liter Wasser zum Kochen bringen" beliebig ausgedacht und somit auch verzichtbar.

Ich glaube, jetzt haben Sie schon eine Vorstellung davon bekommen, wie „Das erste Ma(h)l"-Prinzip funktioniert und Sie fragen sich, ob der Rest dieser Lektüre ebenfalls nur eine Aufzählung von Banalitäten sein wird.

Wir werden sehen. Jedenfalls scheinen Sie sich entschlossen haben, weiter zu lesen. Schön. Kommen wir also zum Salz. Sie überlegen sich: Das Wasser wird von der Nudel aufgesogen. Je nach Wassermenge geht also vielleicht ein Zehntel oder Zwanzigstel des Salzes in die Nudeln. Folglich werden Ihre Nudeln versalzen sein, wenn Sie mehrere Esslöffel Salz ins Kochwasser schütten. Geben Sie aber nur einen halben Teelöffel davon zu, werden Sie am Esstisch höchstwahrscheinlich noch mal zum Salzstreuer greifen. Die Wahrheit liegt also irgendwo zwischen einem halben Teelöffel und mehreren Esslöffeln.

Zuletzt die Kochzeit. Die steht auf der Packung. Aber, da Sie mit Sorgfalt kochen – Regel Nummer 2 – verlassen Sie sich nicht darauf, sondern probieren die Nudeln gegen Ende der Garzeit regelmäßig, bis sie die gewünschte Konsistenz haben: al dente, also mit Biss, der schön weich, wenn Oma zu Besuch ist.

Und dann, wenn Sie das Wasser abgegossen haben: Guten Appetit!

Ja, nun liegt sie vor Ihnen auf dem Teller, die frisch gekochte Nudel, nackt und unberührt, reizvoll in ihrer Schlichtheit. Doch tief in Ihrem Herzen spüren Sie: Da muss doch mehr drin sein! Also hören Sie in sich, finden Sie heraus, wonach es Ihnen gelüstet.

Vielleicht ist es ein knuspriges Beißerlebnis. Dann braten Sie die Nudeln doch einfach an. Ob in Öl oder Butter bleibt Ihnen überlassen. Vielleicht noch ein paar Kräuter darüber, fertig. Oder wie wär's, wenn Sie noch ein bisschen Schinken klein schneiden und mitbraten? Schon haben Sie Schinkennudeln, was für ein leckeres Gericht! Nach Belieben können Sie auch Käse, Eier oder gekochtes Gemüse untermischen. Seien Sie kreativ, oder schauen Sie einfach nach, was Sie gerade im Haus haben.

Nach den Spielereien mit den gebratenen Nudeln und dem Flirt mit dem Schinken wird es jetzt Zeit für ein „richtiges" Gericht: Spagetti mit Tomatensoße, der Klassiker aller Basic-Gerichte. Dabei ist es gar nicht so basic, es lässt sich nämlich nicht einfach durch kochen, braten, oder dünsten einer oder zwei Zutaten herstellen. Oder vielleicht doch?

> BEISPIEL: SPAGETTI MIT TOMATENSOSSE
>
> Über das Kochen der Nudel haben wir ausgiebig philosophiert, aber wie macht man eine Tomatensoße? Mit Tomatenmark und Mehlschwitze? Was ist eine Mehlschwitze? Oder mit frischen Tomaten? Also, was muss rein: Tomaten, klar. Am einfachsten kriegt man die wohl aus der Dose, da sind sie schon geschält. Wenn man die Tomaten jetzt einfach aufkochen und mit Salz und Pfeffer würzen würde − wäre das

> dann nicht schon eine Tomatensoße? Aber hallo, und wenn die Dosentomaten von guter Qualität sind – Regel Nummer 1 – dann gibt das sogar eine ziemlich leckere Tomatensoße! Alles Weitere ist Kür: Fett ist bekanntlich ein Geschmacksträger, ein Stückchen Butter oder ein Schuss Öl kann also nicht schaden. Für noch mehr Aroma könnten Sie auch in dem Öl oder in der Butter zunächst ein paar Zwiebelwürfel andünsten, bevor Sie die Schältomaten dazu schütten, Zwiebeln gehen immer. Und machen die Italiener nicht überall Basilikum oder Oregano rein? Jedenfalls werden ein paar italienische Kräuter Ihre Tomatensoße bestimmt aufwerten.

Na also, alles kein Problem, Miracoli ade! Apropos Miracoli – wenn Sie dieses Fertiggericht kennen und mögen, können Sie es natürlich auch im gleichen Style selber machen: dann nehmen Sie anstatt der Schältomaten einfach Tomatenmark und verdünnen das mit so viel Wasser, bis die Soße die gewünschte Konsistenz und den gewünschten Geschmack hat. Schließlich ist Tomatenmark ja nichts anderes als pürierte Tomaten, denen Wasser entzogen wurde.

Noch Fragen? Ja, zum Beispiel: Wie viel Salz und Pfeffer muss in diese Tomatensoße rein? Die Kräuter am Anfang oder am Ende des Kochens dazugeben? Missionarsstellung oder Doggy-Style? Ausprobieren!

Heiß auf Reis

Machen wir's kurz: aufreißen, feucht machen, heiß machen, weichkochen und dann vernaschen.

Es ist im Prinzip genau dasselbe wie bei den Nudeln: Sie schütten Sie den Reis in kochendes Salzwasser, warten bis er weich ist und gießen dann das Wasser ab. Das ist alles, und so steht es auch auf der Reis-Packung.

Ein Teil des Aromas bleibt dabei allerdings auf der Strecke, oder besser gesagt: im Kochwasser. Also überlegen Sie sich, wie man das Aroma im Reis behalten kann. Die Idee: Sie verwenden nur so viel Wasser, wie der Reis aufsaugen kann und nichts muss weg geschüttet werden. Das nennt man dann die Quellmethode, weil der Reis im Wasser aufquillt, ohne dass es auf große Hitze ankäme. Wie viel Wasser Ihr Reis aufsaugen kann, das müssen Sie sich nicht merken, das steht auf der Packung (meist eine Tasse Reis auf zwei Tassen Wasser). Ob und wie viel Salz Sie ins Wasser geben bleibt Ihnen überlassen, denken Sie aber daran, dass später das komplette Wasser und damit das komplette Salz im Reis stecken wird.

Wenn das Wasser dann kocht, wird es relativ schnell vom Reis aufgesogen. Jetzt ist es an der Zeit, den Herd auf eine kleine Stufe runterzuschalten, sonst würde das das Essen anbrennen. Am Ende haben Sie wunderbaren Reis, den Sie als Beilage zu Gemüse, Fleisch oder Fisch essen können. Oder warum nicht anbraten, vielleicht mit etwas Gemüse drin? Wie auch immer: Guten Appetit!

Das erste Ma(h)l

Ach du dickes Ding!
Die tolle Knolle

Heute soll's Kartoffeln geben. Dafür sind Sie extra beim Wochenmarkt vorbeigefahren, haben sich den Stand mit dem größten Angebot an tollen Knollen ausgesucht, und dann standen Sie vor der Wahl: Sieglinde, Agata oder Nicola? Und das sind nur drei von ca. 5.000 Kartoffelsorten. Mehlig kochend, festkochend oder vorwiegend festkochend? Um sich nicht zu blamieren, sind Sie erst mal nach Hause geeilt, um Rat zu suchen in diesem überaus hilfreichen Büchlein.

Und hier lesen Sie nun: Ach, wären Sie doch einfach zum Gemüsestand nebenan gegangen, wo es nur eine Sorte zur Auswahl gab! Das, was alle kaufen, das, wovon es am meisten gibt, das ist es, was auch für die meisten Gerichte taugt. Und das sind keine mehlig kochenden Kartoffeln, wie Sie dann bemerkt hätten, denn die braucht man höchstens für Knödel oder ähnliches, sondern festkochende oder vorwiegend festkochende. Sorte? Pupsegal.

Nun gut, inzwischen hat der Wochenmarkt zugemacht, der Marktschreier ist verstummt und die Bäuerin mit dem rustikalen Kopftuch packt die Plastikkisten vom Großmarkt zurück in den Transporter. Aber zum Glück hat REWE jetzt bist 22 Uhr geöffnet, der Traum von der dampfenden Kartoffel ist noch nicht vorbei.

Nach einem dieses Mal erfolgreichen Einkauf haben Sie jetzt also die tollen Knollen zu Hause und werden sie erst mal waschen. Also weg mit dem Dreck. Aber dann: Wie krieg ich die Knolle gar? Erste Intuition: Kartoffeln in kochendes Wasser geben, bis sie gar sind. Das klingt gut, machen Sie das. Um festzustellen wann die Kartoffeln weich sind, schlagen Sie nicht etwa im Kochbuch nach, sondern Sie stechen einfach eine Knolle ein oder schneiden sie ein. Fühlt es sich noch hart an? Dann wird weiter gekocht. Ein bisschen schwirig wird's, wenn Sie unterschiedlich große Kartoffeln verwendet haben – die Dicken brauchen naturgemäß immer etwas länger, dafür sind sie auch gehaltvoller.

Sind die Kartoffeln weich und das Wasser abgegossen, lassen sie sich leicht mit dem Küchenmesser schälen bzw. pellen, drum heißen sie ja Pellkartoffeln. Aber Vorsicht: Wenn Sie das Objekt Ihrer Begierde dermaßen heißgekocht haben, können Sie sich leicht die Finger daran verbrennen. Also: Cool down.

Vielleicht war aber Ihr erster Gedanke anders,

nämlich: schälen und erst dann kochen. Das geht natürlich auch, statt Pellkartoffeln haben Sie dann Salzkartoffeln. Geschält wird mit einem Gemüseschäler. Dabei ist klar, dass eine dermaßen entblößte Kartoffel – nicht mehr geschützt von der Schale, die ihr am vierten Tage der Schöpfung zugedacht wurde – dass diese Kartoffel also beim Kochen ihr Aroma langsam an das Wasser abgibt. Das kann erwünscht sein, z.B. beim Eintopf, wo das Kochwasser Bestandteil des Gerichts ist. Ansonsten aber gilt: Je weniger Wasser Sie verwenden, desto weniger kann der Kartoffelgeschmack weggespült werden. Denken Sie dabei an den Whirlpool im städtischen Thermalbad mit den korpulenten Damen und Herren, die Leib an Leib im sprudelnden Wasser sitzen – ungefähr so muss es in Ihrem Kochtopf aussehen.

Und die geschälte Kartoffel nimmt natürlich auch Wasser auf, nimmt Geschmack vom Kochwasser an. Also ruhig Salz ins Wasser geben. Sonst wären's ja auch keine Salzkartoffeln.

So, wo stehen wir jetzt? Die Kartoffel ist gekocht, geschält und zerkleinert, in dieser oder in einer anderen Reihenfolge. Sonst noch was? Nö, fertig.

Guten Appetit!

Salzkartoffeln werden gern als Beilage zu Fleisch oder Gemüse genommen, aber warum nicht auch mal solo genießen, zum Beispiel in etwas Butter geschwenkt und mit Petersilie bestreut? Pellkartoffeln schmecken prima zusammen mit Milch und Käse, oder auch mit eingelegtem Fisch. Wie auch immer, mit Kartoffeln haben Sie eine einfache, günstige und leckere Mahlzeit.

Das war Kartoffel Basic. Was kann man sonst noch so anfangen mit der Knolle? Braten, zum Beispiel die leckeren Bratkartoffeln. Mit rohen oder gekochten Kartoffeln? Das ist doch egal, Sie müssen so oder so warten, bis sie gar sind, sei es vorm Kochtopf oder vor der Bratpfanne. Wie klein Sie dazu die Kartoffelstücke schneiden, brauchen Sie sich von keinem Kochbuch vorschreiben lassen. Dicke Brocken haben mehr Biss, in feine Scheiben geschnitten oder gar geraspelt sind sie dafür schneller gar. Und: Je dünner die Stückchen sind, desto mehr Oberfläche haben sie, die lecker knusprig braun werden kann.

BEISPIEL: RÖSTI

Rösti ist ja auch nichts anderes als Bratkartoffeln in dünnen Fladen gebraten, also auch genauso einfach. Wenn Sie Rösti

Das erste Ma(h)l

> kennen, wissen Sie ungefähr, wie die aussehen: gewaschene, geschälte, geraspelte Kartoffeln. Hierzu müssen Sie die Küchenausrüstung um eine Küchenreibe erweitern. Aber Vorsicht: Falls Sie kein Blut sehen können, empfiehlt es sich, beim Umgang mit diesem Werkzeug die Finger im Auge zu behalten. Nach Belieben können Sie auch noch Zwiebelstückchen reinschneiden, Zwiebeln geben ein schönes Aroma, Zwiebeln gehen immer. Wenn Sie nun diese geraspelten Kartoffeln – schnell, bevor sie braun werden – fladenförmig in die Pfanne drücken und anbraten, werden Sie vielleicht erstaunt sein, dass die Fladen zusammenhalten und selbst beim Wenden in Form bleiben. Das liegt an der Stärke in der Kartoffel, die wirkt wie Klebstoff. In Fett angebraten wird's knusprig, je mehr Fett desto knuspriger – und desto kalorienreicher. Salz und Pfeffer nicht vergessen, fertig!

Was geht noch? Ofen, Grill – alles was heiß ist. Die meisten lassen hier die Schale dran und essen sie dann auch mit. Regel Nummer 1: Achten Sie beim Kauf darauf, dass die Schale appetitlich aussieht, sonst werden Sie beim Essen keine Freude daran haben. Also nicht die verschrumpelte Schale der lange gelagerten Kartoffel, sondern lieber die dünne, knackige Schale einer jungen Kartoffel.

> BEISPIEL: OFENKARTOFFELN
>
> Eine große in Alufolie gepackte, mit Quark gefüllte Kartoffel. Wer schon mal Ofenkartoffeln gegessen oder auch nur gesehen hat, kann sie problemlos zubereiten. Wie würden Sie das anstellen? Vielleicht so: Kartoffel waschen, schlechte Stellen rausschneiden, in Alufolie packen, ab in den Backofen. Temperatur? Kochendes Wasser hat 100 Grad, damit wird eine Kartoffel gar – das ist also das Mindeste, was Sie ihr gönnen sollten. In der Pfanne auf dem glühenden Herd ist es schon deutlich mehr. Und die Ofenkartoffeln sollen ja auch ein bisschen knusprig werden Also sollte die Temperatur vielleicht schon eher Richtung 200 Grad gehen denn in Richtung 100, oder? Und in dieser Kartoffel-Sauna schmoren die Genossen dann, bis sie weich sind. Und werden bitte rausgenommen, bevor ihnen schwarz vor Augen wird, denn dann sind sie verbrannt (Regel

Das erste Ma(h)l

> Nummer 2!). Zum Schluss wird die Alufolie auseinander gezogen, die Kartoffel in der Mitte aufgebrochen und in den Spalt einen Schlag Quark – Kräuterquark, wenn Sie mögen – reingegeben. So hätten Sie's auch gemacht, oder? Sehen Sie, ganz ohne Rezept...

Zum Schluss dieses Kapitels noch ein Wort zum Thema Kartoffelbrei / Kartoffelpüree. Es gibt Menschen, die kochen sich die tollsten Gerichte mit Fleisch und Gemüse und als Beilage gibt es aus Pulver angerührten Kartoffelbrei. Es gibt andere, für die ist Kartoffelbrei aus der Tüte eine Sünde, dann lieber darauf verzichten. Nun, wenn Sie nicht darauf verzichten möchten und keine Kartoffelpresse besitzen, dann greifen Sie zu Pfanni, Maggi oder was auch immer Sie bevorzugen. Viel besser schmeckt aber der selbst gemachte.

> **BEISPIEL: KARTOFFELBREI**
>
> Im Prinzip sind es nur Salzkartoffeln, die nach dem Kochen zermanscht werden, oder Pellkartoffeln, das geht auch. Klar, Sie brauchen dafür ein Kartoffel-Mansch-

Werkzeug , zum Beispiel eine Kartoffelpresse oder einen Kartoffelstampfer. Das kostet Sie höchstens 5 Euro und etwas Platz im Küchenschrank. Ist die Kartoffel zermanscht, müssen Sie das Ganze nur noch zu Brei rühren. Da kommt der gute alte Kochlöffel aus Großmutters Erbe zum Einsatz, oder ein Schneebesen. Geht nicht, zu fest? Dann fehlt wohl noch etwas Flüssigkeit, am besten Milch. Davon rühren Sie so viel unter, bis der Brei eine schöne Konsistenz hat. Wenn Sie heiße Milch verwendet haben, ist der Kartoffelbrei jetzt verzehrfertig. War es kalte Milch, muss er vielleicht noch ein wenig erhitzt werden (Vorsicht, nicht anbrennen lassen!). Als Geschmacksträger können Sie ein Stückchen Butter untermischen, oder Sie nehmen von vornherein Sahne statt Milch, da ist das Fett schon drin. Und dann natürlich nochmal mit Salz und Pfeffer abschmecken. Fertig!

Gemüse muss (kein Mus) sein

Wer sein erstes Ma(h)l mit jungem Gemüse zubringen will, greift vielleicht zur Dose. Am besten der Konserven-Klassiker: Erbsen-Möhren-Gemüse. Nur etwas für Kochbanausen, anspruchslose Fast-Food-Esser? Ja, meistens schon. Aber warum nicht mal Erbsen aus der Dose, vielleicht in Kombination mit frischen Möhren? Oder Dosen-Linsen, aufgewärmt mit Wiener Würstchen. Oder Mais natürlich. Manches Gemüse schmeckt eben ganz gut aus der Konserve und wäre umständlich selbst zuzubereiten.

Andererseits bietet der moderne Supermarkt auch ein breites Angebot an Tiefkühlgemüse. Tiefkühlgemüse ist im Prinzip Gemüse der Saison aus regionalem Anbau. Es wird direkt nach der Ernte eingefroren, kommt also quasi frisch zu Ihnen in die Küche. Gemeint ist frisches, ungegartes Tiefkühlgemüse. Da kann die weichgekochte Erbsen-Möhren-Pampe aus der Dose nicht mithalten.

Am schönsten ist es aber, Gemüse frisch als Ganzes zu kaufen und selbst zu zerlegen und zuzubereiten. So hat man noch einen Bezug zu

Gemüse muss (kein Mus) sein

der Pflanze, die man isst. Und am allerschönsten wäre natürlich, das Gemüse im eigenen Garten großzuziehen. Seid fruchtbar und vermehret euch, ihr Samen des Blumenkohls, der Zucchini und der Karotte!

Der wievielte Tag war das noch, als Gott das Gemüse schuf? Jedenfalls muss es kurz vor dem Menschen gewesen sein, denn Gemüse ist schon eine tolle Sache: wenig Kohlenhydrate, wenig Fett, viele Ballaststoffe – optimal für den zur Fettsucht neigenden Wohlstandsmenschen unserer Zeit. Also betrachten Sie Gemüse doch einmal als ein Grundnahrungsmittel. Stellen Sie sich Gemüse als Hauptmahlzeit vor, ohne Teigwaren oder Kartoffeln, oder zumindest als Hauptbeilage: ein schönes Steak mit Gemüse, sonst nichts. Ein kulinarischer Genuss!

Und wenn Sie selbst keinen Gemüsegarten haben, dann gehen Sie jetzt zum Wochenmarkt (oder zum Supermarkt Ihres Vertrauens) und Sie kaufen es: frisches Gemüse der Saison aus nahegelegenen Anbaugebieten. Denn jetzt kommt es wirklich darauf an, hopp oder topp: Gutes Gemüse und ihr Essen wird unweigerlich zum Genuss, schlechtes Gemüse und Sie hätten gleich in der Kantine essen können – Regel Nummer 1.

Das erste Ma(h)l

Was fangen wir nun mit den soeben erworbenen Feldfrüchten an? Erst mal muss alles weg, was Sie nicht mögen. Zum Beispiel Dreck und Spritzmittel, also erst mal waschen. Was natürlich auch weg muss sind Blätter, Grünzeug, Strunk, Kerne, schlechte Stellen... Vertrauen Sie auf Ihre Lebenserfahrung: Fast alle gängigen Gemüsesorten haben Sie schon mal gegessen. Wie sah das aus, was war da dran, was nicht? Welches Gemüse haben Sie schon mit Schale verzehrt, welches war immer ohne?

> TIPP
>
> Manchmal versteckt sich der Dreck im Inneren des Gemüses, zum Beispiel beim Lauch. Die einfachste Lösung für dieses Problem ist: erst klein schneiden, dann waschen.

Jetzt liegt es also da, das saftig frische Gemüse, direkt vor Ihnen, gewaschen, geputzt und verführerisch lecker. Was tun? Erst mal Reinbeißen, und genießen, was der Liebe Gott da geschaffen hat. Schnappen Sie sich eine Schale Kräuterquark, schneiden Sie Ihr Gemüse in Streifen und dippen Sie es genüsslich vor dem Fernseher, während Sie auf RTL dem gemütlichen Gemüsebauer Franz bei der Suche nach einer Frau zusehen. Gerade kein Kräuterquark im Haus? Dann nehmen Sie doch naturbelassenen Quark, oder Joghurt, oder beides zusammen. Etwas Salz rein, wenn Sie mögen Pfeffer. Oder vielleicht etwas Knoblauch, ein paar Kräuter wenn Sie haben... Fertig ist Ihr Dip.

Nun gut, nicht jedes Gemüse schmeckt im rohen Zustand, grüne Bohnen und manche Pilzarten enthalten im Rohzustand sogar Giftstoffe. Aber würden Sie jemals auf die Idee kommen, grüne Bohnen roh zu essen? Und bei Pilzen werden Sie sich als Anfänger eh erst mal an Champignons probieren. Und die können Sie getrost auch roh verzehren und zum Beispiel in den Salat reinschneiden. Ihre Lebenserfahrung wird Sie hier leiten.

Nun aber zum vermutlich häufigsten Fall, zu gegartem Gemüse als Beilage zu einer Hauptmahlzeit. Machen Sie sich nochmal bewusst, dass es nur noch um die Veredelung geht, gut ist es jetzt schon. Wenn Sie beim Kochen Sorgfalt walten lassen – Regel Nummer 2 – kann eigentlich nichts mehr schief gehen. Also: Nach dem waschen und putzen das Gemüse zerkleinern, in mundgerechte Stücke. Oder auch nicht. Warum nicht mal kleine Karotten als Ganzes garen, oder einen kompletten Blumenkohl?

Das erste Ma(h)l

Und dann ins kochende Wasser bis es gar ist. Oder lieber dünsten? Klar. Denn was dem Reis seine Quellmethode ist (siehe oben), ist dem Gemüse das Dampfgaren. Wenig Wasser + Deckel drauf = viel heißer Dampf, so wird das Gemüse gar und hat dabei keine Chance, seine Geschmacksstoffe an das Wasser abzugeben.

Oder vielleicht ganz ohne Wasser garen, in der Pfanne? Hervorragend! Alles ist möglich, alles was heiß ist. Nur die Konsistenz des Gemüses ist dann natürlich eine andere: außen trocken, innen weich.

> TIPP
>
> Beim feurig heißen Garen in der Pfanne sollten Sie prüfen, ob Ihr Gemüse das verträgt. Wenn das Gemüse dünne Stellen hat, wird es dort möglicherweise schwarz werden, bevor es innen gar ist, und Sie werden sich schwarz ärgern, bevor die Gäste kommen, und Beate wird Ihnen zum nächsten Geburtstag noch ein Kochbuch schenken, damit Sie's endlich lernen. Zucchini zum Beispiel, in dicke Scheiben oder Spalten geschnitten – kein Problem. Zarte Brokkoli-Röschen aber – eignen sich ebenfalls für die Pfanne, sie mögen's nur nicht

Gemüse muss (kein Mus) sein

> so heiß und nicht so lange.

Wenn das Gemüse gar ist, retten Sie es rechtzeitig aus der Feuerhölle. Eigentlich schmeckt es am besten, wenn es noch ein bisschen knackig ist. Wenn Sie für Ihr Baby kochen, das gerade seine erste Breimahlzeit bekommt, darf's etwas weicher sein. Das Ende der Kochzeit ist dann erreicht, wenn Sie das Gemüse probiert haben und entschieden haben, dass es jetzt gar ist.

Jetzt noch Salz und Pfeffer drüber – guten Appetit!

Natürlich können Sie das Gemüse auch noch ein wenig verfeinern. Seien Sie kreativ, oder schauen Sie einfach nach, was Sie gerade im Haus haben! Vielleicht bestreuen Sie das Gemüse mit frisch gehackten Kräutern. Ein Topf Petersilie auf der Fensterbank ist vielfältig einsetzbar. Oder dünsten Sie fein geschnittene Zwiebelwürfelchen in Butter an und lassen darin das Gemüse noch ein wenig bruzeln. Oder mischen Sie ein Schuss Sahne unter das Gemüse...

Beispiel: Ofengemüse aus Zucchini, Auberginen und Tomaten

Das erste Ma(h)l

Nun, es gibt ja verschiedene Praktiken, um dem Gemüse ordentlich einzuheizen und es zum Höhepunkt, zum Garpunkt zu bringen. Der Ofen ist die knusprige Alternative zum Kochen. Wie gehen Sie vor? Man könnte ja einfach ein paar Gemüsestücke in den Backofen geben, bis sie gar sind, oder? Na sicher! Waschen, putzen, zerkleinern – so klein, wie Sie's gerne essen. Dann noch salzen, pfeffern und rein in den heißen Ofen, bis sie knusprig sind. Und auch, wenn es in der Sauna bei knapp 100 Grad schön kuschelig heiß ist, reicht das dem Gemüse noch lange nicht, da hätten Sie es ja gleich kochen können. Also ruhig ordentlich einheizen. Und ein Aufguss ist auch nicht verkehrt: Sollte das Gemüse schneller braun als gar werden, fehlt ihm Feuchtigkeit. Dem kann man mit einer Schale Wasser im Ofen abhelfen. Oder sie bringen etwas Öl ins Spiel: Mit Speiseöl bepinselt werden die Gemüsestückchen noch knuspriger.

Bloß nicht vom Fleisch fallen

Was Ihre Küche jetzt schon alles erlebt hat! Spagetti mit Buttermöhrchen, Bratkartoffeln mit gegrillten Auberginen, Paprika-Lauch-Gemüse mit Reis. Vielleicht. Je nachdem, wie kreativ Sie die letzten Kapitel umgesetzt haben. Jetzt wird es Zeit, sich ans Fleisch zu wagen. Mit Fleisch ist hier gemeint: Rind oder Schwein (oder vergleichbares Vieh). Zu Geflügel und Fisch kommen wir später. Känguru, Eidechse und Pinguin werden dann vielleicht im nächsten Band erläutert.

Nun sind Sie also auf der Suche nach einem neuen Abenteuer, auf der Suche nach Frischfleisch. Das müssen Sie erst mal kaufen. Wo gibt es gutes Frischfleisch? Manche suchen ihr Glück in Thailand, manche im Supermarkt (so, und nun Schluss mit den schmutzigen Gedanken). Leider bekommt man im Supermarkt meist kein gutes Fleisch, und das macht die Sache ein bisschen komplizierter – und teurer. Für billiges Fleisch müssen die Tiere auf engstem Raum untergebracht werden und möglichst schnell wachsen und dick werden. Auch bei der Schlachtung und Weiterverarbeitung wird zu Lasten der Qualität gespart, wenn zum Beispiel das Fleisch nicht lange genug abgehängt wird. Folge: mageres, aber geschmackloses, zähes Fleisch, das beim Braten auch noch jede Menge Wasser lässt. Tiere aus artgerechter Aufzucht und fachmännischer Schlachtung schmecken gut, sind aber meist nur im Bioladen oder in ausgewählten Metzgereien zu bekommen. Fragen Sie beim Fleischkauf also ruhig mal nach: „Sagen Sie, dieses Schnitzel hier vorne links – wie ist das denn aufgewachsen?" Die Großstadt-Fleischerei-Verkäuferin wird dann vielleicht antworten: „Dat Schnitzel hier? Dat kommt us der Eifel, unser janzes Fleisch kommt us der Eifel" Die Eifel! Sofort erscheinen vor Ihrem geistigen Auge saftige Wiesen zwischen mit Sträuchern bewachsenen Hügeln und glückliche Kühe, die mit einer großen Glocke um den Hals das Leben genießen. Nur zur Sicherheit fragen Sie nochmal nach: „Also das Fleisch kommt nicht aus Massen-Tierhaltung?" „Massentierhaltung? Dat dürfen Se mich net fragen, da müssten Se mal den Chef fragen, der is aber jetzt net da."

Sollten Sie aber eine vernünftige Metzgerei gefunden haben, ist ein weiteres Kriterium bei der Auswahl natürlich die Frische, denn Fleisch ist leicht verderblich. Am besten sollten die Fleischscheiben in der Metzgerei frisch geschnitten werden, erst recht gilt das bei Geschnetzeltem oder Hackfleisch, wo die Oberfläche größer ist.

Jedenfalls aber muss das Fleisch frisch aussehen, appetitlich rot, ohne braune Stellen.

So wie das fertig verpackte Schnitzel aus der Kühltheke im Supermarkt, das sieht auch immer appetitlich rosa aus. Und dann steht da noch drauf „Unter Schutzgas verpackt", das hört sich doch prima an. Praktisch bedeutet das, dass sich unter der Plastikfolie ein hochkonzentriertes Sauerstoffgemisch befindet, welches das Fleisch immer saftig rot erscheinen lässt. Unter der Oberfläche kann es da schon längst unappetitlich braun sein. Es ist halt wie im richtigen Leben: Ein saftiges Äußeres lässt nicht immer auf innere Werte schließen.

Besser ist es also, wirklich frisches Fleisch zu besorgen und die Beute am gleichen oder spätestens am nächsten Tag zubereiten. Oder was natürlich auch geht, und da haben Sie weniger Sorgen mit der Frische, ist: tiefgekühltes Fleisch.

Soviel zur Regel Nummer 1. Jetzt zu der Frage: Blond oder brünett? Groß oder klein? Sportlich oder mollig? Und wenn das geklärt ist, müssen die inneren Werte noch passen, zu Ihnen passen, dabei kann Ihnen vielleicht die Partnervermittlung Ihres Vertrauens behilflich sein.

Beim Fleisch ist es so ähnlich: Überlegen Sie

sich erst mal, ob Sie Steak, Schnitzel, Geschnetzeltes oder Braten wollen, und ob es lieber Schweinefleisch oder Rindfleisch sein soll. Das ist eine Lust-Entscheidung. Aber jetzt die Frage: Fleisch von der Hüfte, vom Rücken, von der Brust, oder vielleicht vom Nacken, was eignet sich für das gewünschte Gericht? Zum Glück – oder besser gesagt: wenn Sie Glück haben – steht in der Fleischerei eine kompetente und freundliche Verkäuferin. Sie sagen ihr worauf Sie Lust haben und sie bietet Ihnen – fürs Steak zum Beispiel – einen schönen Nacken, eine saftige Hüfte oder einen zarten Rücken. Aus dieser Auswahl können Sie dann entscheiden, was am besten aussieht – oder was Sie sich leisten können.

> **TIPP**
>
> Dahinter steckt natürlich ein System: Körperteile, die vom Tier wenig durch Muskulatur beansprucht wurden, zum Beispiel der Rücken, haben feine Fasern. Dieses Fleisch wird schnell gar und eignet sich zum kurzen Braten. Körperteile mit starker Muskulatur wie etwa die Schultern haben grobe Fasern, die beim Braten zäh werden. Hier ist langes Garen mit Wasser angesagt.

Wie bekommen Sie nun das Fleisch gar?

Am einfachsten und naheliegensten ist es natürlich, das Fleisch in der Pfanne zu braten, mit ein bisschen Öl. Ob das jetzt eine dickes Stück ist (= Steak), eine dünne Scheibe (= Schnitzel) oder kleingeschnittene Fleischstücke (= Geschnetzeltes) spielt im Prinzip keine Rolle.

Aber erst mal das Fleisch waschen und würzen. Womit? Der Supermarkt Ihres Vertrauens bietet ein breites Spektrum an Würzmischungen und „Fix"-Produkten an. Sie aber vertrauen auf Regel Nummer 1 – gute Qualität – und brauchen deshalb nur Salz und Pfeffer. So einfach, so ausreichend. Streuen Sie einfach ein bisschen was drauf. Wenn es zu wenig war, können Sie auf dem Teller ja noch nachwürzen.

Wenn die Pfanne heiß ist, schließen sich schnell die Poren an der Fleischoberfläche. Dann bleibt der Saft und damit der Geschmack im Fleisch. Das haben Sie bestimmt schon mal gehört, vom Fernsehkoch beim Mittagsbuffet, von Ihrer Mutter, und in Beates Kochbuch steht's auch. Allein – es stimmt nicht. Fleisch hat keine Poren, Haut hat Poren, und Fleisch gibt erwiesenermaßen genauso viel Flüssigkeit ab, wenn es scharf angebraten wird. Gut zu wissen, auch hier können Sie also nichts falsch machen. Wenn Ihr Steak aber appetitlich braun werden soll, wenn sich außen Röstaromen bilden sollen, leckere Röstaromen, dann sollten Sie dennoch die Pfanne ordentlich zum Glühen bringen, bevor Sie das Fleisch reinlegen. Nun gut, „glühen" vielleicht nicht gerade, Sie wollen das Öl in der Pfanne ja nicht zum Entflammen bringen – es sei denn, Sie möchten von Ihrer Hausratversicherung endlich mal eine Auszahlung bekommen, statt immer nur einzuzahlen.

Jetzt wird Regel Nummer 2 wichtig. Nicht nur, dass Sie das Fleisch nicht verbrennen lassen sollen. Mit Sorgfalt kochen heißt hier vor allem: verhindern, dass das Fleisch trocken und damit zäh wird. Und wie schafft man das? Klar, nicht zu lange und nicht zu heiß braten. Oder besser gesagt: Nicht zu lange heiß braten. Denn heiß soll's ja sein, sonst bekommt es keine Farbe. Aber sobald es appetitlich braun aussieht, können Sie den Herd auf eine kleinere Stufe runterschalten.

Wie lange soll das gute Stück jetzt noch in der Pfanne bleiben? Das hängt zum einen natürlich davon ab, wie dick Ihr gutes Stück ist. Zum anderen aber auch von Ihren Vorlieben. Sind Sie eher der blutrünstige Typ? Dann ist das Fleisch jetzt fertig, nachdem Sie diese Zeile gelesen haben.

Oder eher der Unschuldsengel, der nur gut Durchgegartes mag? Dann lassen Sie es noch ein paar Minuten brutzeln, bis alles schön durch ist.

> **TIPP**
>
> Schweinefleisch sollte immer ganz durchgebraten werden. Der Grund: Es kann Parasiten oder Salmonellen enthalten, die beim blutig oder medium gebratenen Schnitzel nicht abgetötet werden. Rind oder Lamm darf aber innen rosa bleiben.

Um festzustellen, ob es jetzt medium, noch „rare" oder schon „well done" ist, dürfen Sie ruhig mal ein Schnittchen rein machen und nachgucken wie weit das Fleisch ist. (Sagen Sie das bloß keinem Koch, der würde lieber mit einem Löffel auf das Steak draufdrücken: Weich = blutig, hart = durch. Denn beim Einschneiden könnte das gute Stück ja Flüssigkeit verlieren.)

Ist das Fleisch dann Ihrer Vorstellungen entsprechend gar: Guten Appetit!

Nach dem Essen kommt das Spülen. Ihre Fleischmahlzeit war wirklich lecker, und weil alles im Leben zwei Seiten hat, gehört zu gutem Essen eben auch Spülen. Teller, Besteck und Glas macht ja die Spülmaschine, Gott sei Dank, aber die Pfanne wollen Sie lieber von Hand spülen, wegen der Anti-Haft-Beschichtung. Zu Ihrem Erstaunen ist die Pfanne immer noch recht heiß. Sie schauen sich den Pfannenboden an, das Fleisch hat Spuren hinterlassen, vielleicht besser erst mal einweichen. Sie lassen also etwas Wasser in die Pfanne und rühren mit dem Anti-Haft-Beschichtungs-schonenden Holzkochlöffel darin herum. Hmm, sieht eigentlich ganz appetitlich aus, dieser Bratensatz mit dem Wasser. Eigentlich fast wie Bratensoße. Vorsichtig kosten Sie davon. Es *ist* Bratensoße! Lecker.

Das mit der Soße wollen Sie am Wochenende mal richtig ausprobieren, und Sie entscheiden sich für Geschnetzeltes.

Es ist Samstag. Supermarkt, Fleischabteilung. Die Schlange vor Ihnen hat sich aufgelöst und der Fleischverkäufer schaut Sie erwartungsvoll an. „Ich brauche Geschnetzeltes", verkünden Sie. Er: „Vom Schwein oder vom Rind?" Darüber haben Sie sich noch gar keine Gedanken gemacht. Selbstsicherheit vorspielend antworten Sie: „Vom Schwein bitte." „Ja, das ist heute im Angebot. Wie viel darf's denn sein?" Hmm, wie viel Fleisch ist eigentlich ein normaler Mensch?

Bloß nicht vom Fleisch fallen

100 Gramm, 200, 500? Da Sie auch für den nächsten Tag gekocht haben wollen sagen Sie: „Zwei Portionen bitte." Jetzt können Sie davon ausgehen, dass Sie eine Menge an Fleisch bekommen, die mindestens für eine Woche reicht – Frischwarenverkäufer lieben Ermessensspielräume. Sie bekommen also Ihr Schweinegeschnetzeltes eingepackt und gehen damit nach Hause. Moment – haben Sie auch genau hingeschaut, ob die Fleischstückchen in der Schale der Fleischtheke frisch aussahen? Geschnetzeltes = klein geschnittenes Fleisch = große Oberfläche = leicht verderblich. Bei genauerer Betrachtung: Nein, das muss da schon seit Stunden gelegen haben. Also spulen wir nochmal zurück: „Wie viel darf's denn sein?" „Zwei Portionen bitte, aber am Stück, ich schneide es selbst." Höchstwahrscheinlich wird das jetzt mehr kosten, obwohl ja eigentlich der Mitarbeiter die Zeit für's Kleinschneiden gespart hat. Wurde für das Kleingehäckselte vielleicht minderwertiges Fleisch verwendet? Ein Schelm, wer Böses dabei denkt...

Sie bekommen Ihr Fleisch also eingepackt und gehen nach Hause, wo Sie es erst mal waschen, klein schneiden, salzen und pfeffern. In der Pfanne soll es jetzt schön braun werden, also erst mal von allen Seiten anbraten. Dann nur noch ein bisschen Regel Nummer zwei, aufpassen, dass das Fleisch nicht anbrennt und aus der Pfanne kommt bevor es zäh wird. Jetzt, wo das Fleisch die Pfanne verlassen hat, können Sie aus dem Bratensatz in Ruhe eine Soße zaubern geben, ohne Gefahr zu laufen, dass das Fleisch zu lange kocht und dadurch zäh wird. Sie lassen es in der heißen Pfanne also ordentlich zischen und köcheln. Die Soßenflüssigkeit muss dabei nicht unbedingt Wasser sein. Wenn Sie's sahnig mögen, dann eben mit Sahne. Oder – für das besondere Aroma – mit Wein. Oder mit allem drei. Wenn Sie nur wenig Flüssigkeit zugeben, sollte der Geschmack aus dem Bratensatz für eine herzhafte Soße reichen, ansonsten müssen Sie halt noch etwas Aroma zugeben, z.B. in Form von Soßenpulver.

Wenn Sie mit Fleisch lieber erst mal klein anfangen wollen, dann nehmen Sie doch Hackfleisch. Das anzubraten ist nahezu idiotensicher: Etwas Öl und Gehacktes in die Pfanne, schön krümelig anbraten, Salz und Pfeffer drüber, fertig. Vielleicht noch ein paar Zwiebelwürfel oder Speckwürfel mitbraten, oder etwas Tomatenmark reinmischen. Wenn's ein bisschen flüssiger werden soll geben Sie nach dem Braten Wasser dazu – oder Wein. Schmeckt prima zu Nudeln oder Kartoffeln.

Meist wird gemischtes Fleisch verwendet, halb Rind, halb Schwein. Nur eines sollten Sie mit der Regel Nummer 1 vor Augen haben: Hackfleisch = sehr viel Oberfläche = leicht verderblich. Also genau hingucken, ob das noch frisch aussieht, was Ihnen die Verkäuferin da anbietet. Genial, wenn Ihre Metzgerei Ihnen das Fleisch frisch durch den Fleischwolf dreht. Dann sehen Sie auch, was reinkommt.

> BEISPIEL: FRIKADELLEN
>
> Ein leckeres und einfaches Hackfleischgericht. Wie würden Sie vorgehen, ohne Kochbuch? Am einfachsten natürlich das Gehackte mit Salz und Pfeffer vermischen, zu Frikadellen formen und in Öl anbraten bis das Fleisch außen knusprig braun und innen gar ist. Das ist einfach und durchaus ausreichend, genauso werden üblicherweise Hamburger gemacht. Die typischen deutschen Frikadellen kennen Sie vielleicht mit Ei und Brot – sei es mit eingeweichtem Brötchen oder mit Semmelbröseln. Einfacher ist es mit Semmelbröseln. Mit dem Ei wird die Hackfleischmasse flüssig, pampig, wenn Sie eine ähnliche Menge Semmelbrösel zugeben, wird es wieder eine feste Masse, die sich gut formen lässt. Alles

> Weitere ist – wie immer – Kür. Sie können Zwiebelwürfelchen reinmischen, Petersilie, Paprikastückchen oder kleine Käsewürfel, ganz so wie Sie's von Mama kennen und lieben. Guten Appetit!

Jetzt haben wir uns nur mit dem Braten von Fleisch beschäftigt. Aber es geht auch anders. Sie kennen das doch: Ihre Liebste / Ihr Liebster lässt Sie mal wieder in Ihrem eigenen Saft schmoren, und das bringt Sie so richtig zum Kochen. Dann ist es Zeit für Gulasch. Schmoren, das hat was mit lange garen zu tun, hat was mit Flüssigkeit zu tun. Dadurch, dass das Fleisch in etwas Flüssigkeit liegt, kann es nicht austrocknen und darf deshalb lange gegart werden. Schmoren eignet sich daher für Fleisch aus groben Fasern, also zum Beispiel von der Schulter.

Also wie geht's?

> **BEISPIEL: GULASCH**
>
> Moment – wie war das noch mit den Röstaromen in der heißen Pfanne? Das kann ja im Wasser nicht funktionieren. Aber man könnte ja das Fleisch erst scharf an-

braten, und dann erst das Wasser dazu kippen. Ein bisschen Wasser, es soll ja schmoren, und nicht kochen. Oder wenn Sie mögen, kann's auch Wein statt Wasser sein. Jetzt nur noch den Deckel drauf und warten, bis das Fleisch schön zart geworden ist, das kann bei Schmorfleisch schon mal eine Stunde dauern. Da das Fleisch während des Kochens Geschmack abgibt, wird aus dem beigefügten Wasser eine leckere Soße – wie praktisch. Abgeschmeckt mit Salz und Pfeffer – köstlich!

Und ansonsten gilt auch hier wieder: Seien Sie kreativ oder schauen Sie einfach, was der Kühlschrank hergibt. Schmoren Sie Zwiebeln mit, Paprika, Tomaten, Kartoffeln oder sonstiges Gemüse, Kräuter, Tomatenmark... Und wenn bestimmte Zutaten (Gemüse oder Kartoffeln) nicht verkochen sollen, dann geben Sie es eben erst dazu, wenn das Fleisch schon fast fertig ist. So entstehen die unterschiedlichsten Varianten von Gulasch.

Sie können auch etwas mehr Wasser verwenden, dann wird's eben eher eine Gulaschsuppe, und es wird gekocht statt geschmort. Vielleicht noch einen Brühwürfel zugeben, falls der Geschmack vom Fleisch und Gemüse nicht reicht. Und dann: Guten Appetit!

Da lachen ja die Hühner: Geflügel

Gackernde Hühner, das mögen die Männer nicht. Lieber Hühnerfrikassee. Frauen suchen den Hahn im Korb, aber mit allzu stolz geschwellter Brust sollte er nicht daherkommen, sonst machen sie aus ihm Hähnchenbrustfilet.

Aber wie findet man nun sein perfektes Huhn oder seinen perfekten Hahn? Auf dem Bauernhof? Klar, das wissen wir von „Bauer sucht Frau". Wer von RTL nicht genommen wurde, muss sein Glück im Supermarkt suchen. Das ist bequemer, als selber auf die Jagd zu gehen, und gerupft ist das Federvieh dort auch schon. Leider schmeckt das Hähnchen aus der Tiefkühltruhe oftmals fad. Das ist auch kein Wunder, schaut man sich den Weg vom Ei zum Masthähnchen mal genauer an: Hier findet keine Tierhaltung statt, sondern Fließbandproduktion, im wahrsten Sinne des Wortes. Wenn Sie auf Nummer sicher gehen wollen, können Sie Ihr Hähnchen im Bioladen kaufen. Die Bio-Siegel sind ein zuverlässiger Hinweis auf eine halbwegs artgerechte Aufzucht.

> **TIPP**
>
> Seit 2008 sind auch für nicht Bio-Geflügel folgende vier Begriffe gesetzlich geschützt:
>
> - „extensive Bodenhaltung"
> - „Freilandhaltung"
> - „Bäuerliche Freilandhaltung"
> - „Bäuerliche Freilandhaltung – unbegrenzter Auslauf"
>
> Für diese Aufzuchtformen sind Mindeststandards festgelegt, die den Auslauf, die Mastdauer und den Getreideanteil im Futter regeln. Steht keiner dieser vier Begriffe auf der Packung, können Sie davon ausgehen, dass das Fleisch aus Intensiv-Tierhaltung stammt, selbst wenn mit Begriffen wie „bäuerlich" oder „artgerecht" geworben wird.

Jetzt haben Sie es also geschafft ein Regel-Nummer-1-konformes Hähnchen zu ergattern. Das „Hähnchen" kann übrigens – entgegen dem Wortlaut – sowohl ein Hahn als auch eine Henne sein.

Und jetzt? Klar, erst mal waschen, salzen und pfeffern. Die Oberfläche, die es einzureiben gilt, ist hier nicht nur die Außenhaut, auch von innen kann man würzen (da, wo früher die Innereien waren). Paprika außen auf der Haut gibt eine schöne Farbe, manche schwören auch auf Maggi Fix Hähnchengewürz.

So, wie bekommen wir nun die Haut knusprig braun? Erinnern Sie sich an Ihren letzten Mallorca-Urlaub. Die Sonne brannte Ihnen auf die Haut, bis Sie so richtig schön ins Schwitzen kamen. Das eine oder andere Gramm Flüssigkeit konnte dabei in den Sand fließen. Damit Sie keine Verbrennungen erleiden, haben Sie von außen regelmäßig nachgeölt. Bis Sie irgendwann so knackig braun waren, dass Sie zum Anbeißen aussahen. Vorausgesetzt vielleicht, Sie hatten zuvor mit etwas Sport Ihren Körper geformt, so dass die Speckschwarte sich in Grenzen hielt.

Genauso verfahren Sie jetzt mit Ihrem Hähnchen. Wenn Sie eines erworben haben, das nicht nur gemästet wurde, sondern auch etwas Auslauf und ausgewogene Ernährung hatte, sind die Voraussetzungen schon mal gut. Jetzt noch ordentlich im Backofen brutzeln lassen. Gegen Sonnenbrand: Gut mit Speiseöl einpinseln, dann kann's auch schön knusprig werden. Temperatur? Hochsommer auf Mallorca. Aber schwarz werden sollte das arme Tier auch nicht. Vielleicht probieren Sie es mal mit 180 bis 200 Grad. Sie können auch erst mal Vorglühen: mit einer hohen Temperatur anfangen, und dann, wenn dann die Haut braun wird, einen Sonnenschirm aufstellen, bzw. den Ofen runterschalten und weitergaren. Oder umgekehrt: Erst mit gemäßigter Temperatur garen und am Ende nochmal volle Power geben. Jedenfalls werden Sie sich mindestens eine Stunde gedulden müssen, bis das Essen fertig ist. Um dann zu checken, ob das rosig-blutige Hähnchen sich inzwischen zu weißem Fleisch gewandelt hat, können Sie mal reinpieksen, z.B. mit einem Zahnstocher. Wenn kein roter Saft mehr austritt: Guten Appetit!

> **TIPP**
>
> Geflügel kann Salmonellen enthalten. Deshalb gilt hier, wie oben schon beim Schweinefleisch: Immer gut durchgaren, nicht roh essen, nicht medium, immer durch.

Sie sehen, auch das ist im Prinzip kein Hexenwerk. Schon unsere Vorfahren in der Steinzeit haben toten Vögeln die Federn ausgerupft und sie übers Feuer gehalten, bis sie gar und lecker waren. Nichts anderes machen Sie, nur dass aus dem Lagerfeuer ein Backofen geworden ist.

Wenn Sie alleine essen, ist ein ganzes Hähnchen vielleicht zu viel, dann kaufen Sie doch einfach nur zwei Hähnchenkeulen. An der Zubereitung ändert sich nichts, nur dass ein Schenkel halt schneller gar ist als ein ganzes Tier.

Noch leichter ist es, einfach ein Stück Geflügelfleisch zu kaufen, ohne Haut und Knochen, zum Beispiel Hähnchenbrust oder Putenschnitzel. Oder Sie schneiden es klein zu Geschnetzeltem. Salz und Pfeffer nicht vergessen, vielleicht auch Curry, ist bei Geflügel ja ein beliebtes Gewürz, gerade auch weil ein Hühnchen nicht so viel Eigengeschmack hat wie etwa Rindfleisch. Das Geflügelfleisch können Sie dann einfach in der Pfanne braten bis es gar ist – idiotensicher. Geben Sie nur ein bisschen darauf Acht, denn Geflügel wird zwar nicht direkt zäh, aber doch trocken, wenn es zu lange gebraten wird.

Das erste Ma(h)l

Frische Fische fischen

Fisch aus der Tiefkühltruhe im Supermarkt ist so etwas wie Partnersuche im Internet: Die Kandidaten liegen hübsch aufgereiht nebeneinander, und man sucht sich einen aus. Den Partner auf einer Party kennenzulernen ist so etwas wie angeln am Fischweiher: Das schmeckt am besten, und außerdem soll angeln doch total entspannend sein. Dauert Ihnen zu lange bis einer anbeißt? Und außerdem wird da eh nur R 'n' B gespielt? Dann angeln Sie sich doch einen leckeren Fisch bei einem Fischhändler mit Niveau. Das ist dann so was wie Partnersuche bei „ElitePartner", da gibt es ja auch nur „Singles mit Niveau". Jedenfalls werden Sie dann (vielleicht) gut beraten und bekommen (hoffentlich) einen frischen Fisch.

> TIPP
>
> So erkennen Sie, ob der Fisch frisch ist:
>
> 1. Frischer Fisch riecht nicht nach Fisch. Fischgeruch ist Zeichen für die einsetzende Verwesung.
>
> 2. Die Augen sind klar und nach außen gewölbt.

Frische Fische fischen

> 3. Der Fisch glänzt frisch, die Haut ist weder schleimig noch trocken.
>
> 4. Wenn man die Kiemen etwas auseinanderzieht, sehen sie hellrot appetitlich aus.

Natürlich kann ein Fisch, nachdem der den Weg bis in den hintersten Winkel der Republik zurückgelegt hat, nicht mehr so aussehen wie frisch aus dem Wasser gezogen. Aber weitestgehend – wenn der Fang noch nicht zu lange zurück liegt und der Fisch immer schön kühl gehalten wurde.

Also wie geht das denn mit der Zubereitung, mit der Haut und den Flossen und dem Skelett? Sie können diesen Fragen natürlich aus dem Weg gehen, es gibt ja auch Fische ohne Flossen, ohne Skelett, ohne Augen, und statt der schuppigen Haut haben diese Fische eine knusprige Panade. Wenn Sie den Bedarf an Fischstäbchen aber bereits in ihrer Kindheit gestillt haben, können Sie jetzt die elegantere Variante wählen: Fischfilet, direkt von der Frischfischtheke, wie man sie in vielen größeren Supermärkten findet. Oder aus dem Tiefkühlfach, warum auch nicht. Das Filet kann auf einer Seite noch Haut haben oder auch nicht. Und was machen Sie damit?

Vielleicht anbraten, salzen und dann essen?

Guten Appetit!

Es ist tatsächlich so einfach. Wie bei fast allen Lebensmitteln empfiehlt es sich, auch das Fischfilet vor der Zubereitung zu waschen. Wenn Sie es danach trockentupfen, spritzt es nicht in der Pfanne. Ob Sie zum Anbraten Öl oder Butter nehmen – Ihre Entscheidung. Ob Sie *vor* oder *nach* dem Anraten salzen – spielt keine Rolle. Vielleicht kennen Sie es auch so, dass man Fisch mit Zitronensaft beträufelt vor dem Garen. Kann man, wenn man eine säuerliche Note mag, muss man nicht. Oder Sie haben mal gesehen, dass der Fisch vor dem Braten in Mehl gewendet wird. Kann man, damit er noch knuspriger wird, muss man aber nicht. Und die Garzeit? Vielleicht schneller als Sie denken. Solange Sie noch keine Erfahrung haben, besser mal mit dem Messer daneben stehen und gucken, ob er durch ist, bevor er trocken wird. Und natürlich wenden, bevor eine Seite verbrennt – aber erst, nachdem er eine schöne Farbe bekommen hat. Das ist Sorgfalt, das ist Liebe, das ist Regel Nummer 2.

So, nachdem das mit dem Filet schon mal geklappt hat: Sind Sie bereit für einen ganzen Fisch? Mit Augen und Mund, Schwanz und Flossen, Haut und Schuppen, Innereien und Gräten?

Frische Fische fischen

Nun, ganz so dramatisch muss es nicht werden. Die Fische werden ja meist schon ausgenommen verkauft, und auch schon entschuppt. Zumindest können Sie das nachfragen und ggf. den Fischverkäufer darum bitten.

Jetzt haben Sie einen ganzen Fisch verzehrfertig vor sich liegen. Was würde wohl der Neandertaler, der Indianer, der Eskimo damit anfangen? Klar: Knusprig gegrillten Fisch vom Lagefeuer. Ganz ohne Kochbuch. Einfach lecker.

> **BEISPIEL: FISCH VOM GRILL**
>
> Vielleicht mal eine Alternative zu den Nürnberger Rostbratwürstchen und dem fertig marinierten Schweinesteak aus dem Kühlregal von Aldi. Sie gehen also zur Frischfischtheke und fragen, welcher Fisch sich zum Grillen eignet und Ihren Preisvorstellungen entspricht. Sie achten darauf, dass Sie den Fisch verzehrfertig erhalten, also ausgenommen und entschuppt. Dann müssen Sie ihn ja nur noch waschen, trockentupfen, salzen – auch von innen – und auf den Grill legen. Tipp: Rost einölen, damit die Haut nicht anbackt. Es gibt auch spezielle Fischhalterungen für den Grill, in die der Fisch eingeklemmt und damit prob-

lemlos gewendet werden kann. Oder Sie wickeln den Fisch in Alufolie ein. Allerdings wird der Fisch dann nicht knusprig, sondern dampfgegart. Und so, wie Sie eine Pfanne einfetten würden, fetten Sie auch diese Alu-Rundum-Pfanne ein, mit etwas Öl oder Butter.

Jetzt steht dem gegrillten Fischgenuss nichts mehr im Wege. Aber seien Sie doch noch ein bisschen kreativ, bevor Sie den Meeresbewohner dem ihm völlig fremden Element des Feuers zuführen: Füllen Sie Ihn mit Kräutern, mit klein gehacktem Gemüse, mit Zwiebeln, Zitronen oder Knoblauch. Kann ja nichts schaden, wenn ein Fisch etwas Aroma bekommt. Was halten Sie davon?

Das mit dem ganzen Fisch geht natürlich auch auf dem Herd. Damit bekommen Sie ihn genauso gar wie über'm Feuer und es ist genauso einfach wie Fischfilet braten, siehe oben.

Grillen und Braten ist natürlich ganz schön hart für einen Fisch. Wenn Sie eher ein sanftmütiger Mensch sind, gibt es für Ihren Freund aus dem Meer eine schonende Alternative: das Garen im

Wasserdampf. Dann fühlt er sich fast wie zu Hause. Also etwas Wasser in einen Topf zu geben, den gesalzenen Fisch reingeben und den Topf mit dem Deckel verschließen, sodass der Fisch im Dampf zart garen kann. Das geht natürlich mit dem ganzen Fisch oder auch mit Filet. Oder im Backofen in einer Auflaufform, die mit Deckel oder Alufolie verschlossen ist, das ginge auch gut. Verfeinerung gefällig? Statt Wasser könnte man ja auch Gemüsebrühe oder Weißwein reingeben, oder beides. Und wie wäre es, ein bisschen Gemüse in der Brühe mitdünsten zu lassen – dann entsteht nebenbei gleich noch eine leckere Soße.

Guten Appetit!

Das erste Ma(h)l

Da lachen ja schon wieder die Hühner: Eier

Das Hühnerei – beliebt als Frühstücksei. Das traut sich sogar der Kochmuffel zu: das weichgekochte Frühstücksei. Was heißt hier eigentlich „weichgekocht"? Haben Sie schon mal ein Ei gesehen, das durchs Kochen weich geworden wäre? Wie auch immer, jedenfalls kochen wir ein von Natur aus ganz weiches Ei solange, bis es nur noch halb weich ist. Wie lange dauert das? Nun, da gibt es zunächst die 3-Minuten-Fans, die gerne das urzeitliche Gefühl von roher Natur haben, als habe man gerade das Ei aus dem Hühnernest geklaut und direkt ausgeschlürft. Das ist das 3-Minuten-Ei. Dann gibt es die große Gruppe der 5-Minuten-Fans, die gerne das Eiweiß hart haben und das Eigelb weich. Und die 7-Minuten-Fans, die eigentlich gar keine weichgekochten Eier mögen und deshalb sich in 7 Minuten ein hartgekochtes Ei kochen, das dann aber tapfer aus der Schale löffeln, um sich einzureden, sie hätten ein weichgekochtes Frühstücksei. Und wer sein Ei 10 Minuten kocht, der hatte nie vor, ein weichgekochtes Ei zu essen. Welcher Eiertyp Sie auch sein mögen, das Frühstücksei will mit Sorgfalt gekocht sein, Regel Nummer 2. Das heißt Sie brauchen die volle Kontrolle über die

Kochzeit. Das geht nur, wenn Sie die Zeit genau stoppen und wenn das Wasser die ganze Zeit über, in der das Ei darin liegt, auch wirklich köchelt. Und wenn Sie bedenken, dass ein kleines Ei natürlich schneller fest wird als ein großes.

> TIPP
>
> Das kühlschrankkalte Ei neigt dazu, im kochenden Wasser sofort aufzuplatzen. Wenn Sie das nicht mögen, sollten Sie den Temperaturschock verringern. Zum Beispiel indem Sie den Topf von der Kochplatte nehmen, bevor Sie das Ei hineingleiten lassen. Oder indem Sie das Ei vorher in heißem Wasser kurz anwärmen.

Oder fragen Sie mal Beate, oder Ihre Mutter, die haben bestimmt noch weitere wertvolle Tipps, wie man das Platzen des Frühstückseis verhindern kann. Beate zum Beispiel gibt Essig mit ins Kochwasser, das soll Wunder wirken. Das Wunder ist, dass auslaufendes Eiweiß sofort gerinnt und somit die geplatzte Stelle quasi versiegelt ist. Das Platzen wird dadurch aber nicht verhindert. Und Ihre Mutter piekst vor dem Kochen ein Loch ins Ei, auf der stumpfen Seite, wo die Luftblase sitzt. Das soll den Überdruck ausgleichen, wenn das Ei innen heiß wird und sich ausdehnt. Das spontane Aufspringen beim Einlegen ins kochende Wasser wird aber auch das nicht verhindern. Und beide – Beate und Mutti – schrecken das Ei nach dem Kochen ab. Nicht um ein nachträgliches Platzen zu verhindern, sondern damit sich's besser schälen lässt. Und auch das funktioniert nicht. Die Schälbarkeit des Frühstückseis hängt nämlich von seinem pH-Wert ab und der hängt vom Alter des Eis ab. Das Abschrecken bewirkt nur, dass der Garungsprozess gestoppt wird. Soviel zum Thema „Frühstücksei".

Der nächste Absatz wird kürzer. Er handelt vom Spiegelei: Ei in die Pfanne schlagen, braten, bis das Eiweiß fest ist, salzen, pfeffern, fertig.

Schwieriger, als ein Ei zuzubereiten ist es, ein gutes Ei zu kaufen. Ein Aroma, das Sie vielleicht noch kennen von Ihrer Kindheit auf dem Lande. Als Sie Ihre Mutter zum Wochenmarkt begleitet hatten, die alten Eierschachteln unterm Arm, um diese von der Bauersfrau mit frisch gelegten Eiern auffüllen zu lassen. Da hörte man beim Löffeln des Frühstückseis das Huhn noch fröhlich gackern. Und jetzt stehen Sie im Supermarkt und finden „Eier aus Bodenhaltung", „Eier aus Freilandhaltung", „Bio-Eier". Und natürlich die Eier ohne besondere Deklaration, die stammen aus Käfighaltung, die in Deutschland inzwischen in

Form von „Kleingruppenhaltung" betrieben wird. Auch die Boden- oder Freilandhaltung kann in der Massenproduktion problematisch sein. Bleibt noch das Bio-Ei. Nicht so gut, wie von das von der alten Bauersfrau, aber vielleicht das, was dem Ideal am nächsten kommt. Probieren Sie's aus!

> BEISPIEL: RÜHREI
>
> Rührei der Wortbedeutung nach: Ein Ei rühren, während es in der Pfanne gart. Ein bisschen Salz und Pfeffer, fertig. Ganz einfach also. Nun zur Kür: Cremiger, weicher wird es, wenn Sie es vorher mit einem Schuss Wasser oder Milch verrühren. Und Zwiebeln natürlich, Zwiebeln gehen immer. Wenn Sie die Zwiebeln erst in der Pfanne andünsten, bevor sie das Ei-Gemisch hineingeben, werden sie etwas weicher. Ein paar Kräuter dazu sehen hübsch aus. Die Liebhaber von weichem Rührei achten darauf, das Ei bei geringer Hitze stocken zu lassen und dann rechtzeitig aus der Pfanne zu nehmen. Wer lieber etwas Farbe am Ei hat, kann auch bei ordentlicher Hitze braten. Dazu vielleicht ein paar Scheiben Bacon kross angebraten, frisches Brot mit

Das erste Ma(h)l

Butter – lecker!

Was kann man sonst noch anstellen mit dem Ei? Kuchen backen? Kaufen Sie sich ein Backbuch. Eiernudeln? Vielleicht im nächsten Band. Pfannkuchen? Pfannkuchen! Holen Sie sich am besten die Mengenangaben für Mehl, Eier und Milch aus einem Kochbuch, etwas Salz dazu oder – wenn's süße Pfannkuchen werden sollen – eben noch etwas Zucker dazu, aber die Zubereitung an sich geht ohne Anleitung. Wie würden Sie's anstellen? Zutaten verrühren, etwas Teig in die heiße Pfanne geben, evtl. vorher etwas Fett rein, damit es nicht anbackt (und natürlich weil es mit Fett besser schmeckt). Dann von beiden Seiten anbraten, ab auf den Teller. So einfach ist das. Das Weitere bleibt Ihrer Kreativität überlassen: süß mit Marmelade, Apfelmus oder Zucker und Zimt, deftig mit Käse, vielleicht auch gleich schon beim Anbraten Apfelstückchen oder Speckwürfel mit in die Pfanne geben. Alles können, nichts müssen: Das ist die sexuelle Revolution, das ist die Freiheit des Selberkochens.

Kombiniere – buntes Allerlei

Schauen Sie sich auch manchmal im Fernsehen diese Kochshows an und fragen sich: Wie kommen die nur auf diese ausgefallenen Ideen? Oder neulich beim Arzt. Das Zeitschriftensortiment im Wartezimmer ließ Ihnen die Wahl ließ zwischen „Prinz Harrys neue Liebe", „10 Pfund abnehmen in nur 7 Tagen" und „Neue Rezeptideen zum Frühlingsbeginn" – da haben Sie sich für die Rezeptideen entschieden. Und beim Anschauen der schönen Menü-Fotos haben Sie sich gefragt: Wo haben die nur diese tollen Rezepte her? Und wie kriegen die das immer so optisch reizvoll angerichtet? Und: mit welchem Filter in Photoshop kann man ein Essens-Foto dermaßen appetitlich erscheinen lassen?

Dann gingen Sie nach Hause, machten sich ein schönes Steak mit Brokkoli-Gemüse, und zwar mit qualitativ hochwertigen Zutaten (Regel Nummer 1) und mit Sorgfalt zubereitet (Regel Nummer 2), und im Hochgenuss dieses Mahles dachten Sie sich: Ich brauche keine Rezeptideen zum Frühlingsbeginn – ich stelle mir mein Menü selbst zusammen. Nächstes Mal lesen Sie gleich den Artikel über Prinz Harrys neue Liebe. Schließlich muss man doch wissen, was in der Welt so passiert.

Nun – nichts gegen Kochrezepte. Natürlich probiert man gerne mal das eine oder andere Rezept aus einem guten Kochbuch, einer guten Zeitschrift oder einer guten Internetseite. Gut ist ein Rezept, wenn es funktioniert. Wenn die meisten Zutaten im normalen Supermarkt erhältlich sind und die exotischeren Zutaten erklärt werden, nebst Hinweis, wo das Produkt gekauft werden kann. Und vor allem wenn's am Ende schmeckt. Bei manchen Kochbüchern aber merkt man schnell: Das hat noch nie jemand ausprobiert, das funktioniert nicht.

Das Kochbuch, das Beate Ihnen zum Geburtstag geschenkt hat, gehört natürlich nicht dazu, das wurde schließlich mit Liebe ausgewählt. Also laden Sie doch Beate demnächst mal zum Essen ein und kochen ihr die „Hähnchenbrust mit Rucola-Füllung auf Sahne-Senf-Soße" von Seite 47. Selber kochen heißt aber auch: kreativ sein. Nehmen Sie das schöne Rezept als Vorlage, als Anstoß für die eigene Kreativität. Wandeln Sie es ab, entsprechend der Zutaten die Sie gerade im Haus haben oder die zurzeit auf dem Wochenmarkt zu bekommen sind. Beate wird das gar nicht merken, versprochen! Wenn mal kein Besuch ansteht, ist die Zeit gekommen, Ihr eigenes

Rezept zu kreieren. Inzwischen haben Sie sich ja über fast alle Geschöpfe und Kreaturen Gedanken gemacht, die man essen kann: junges Grün, alle Arten von Pflanzen, die Samen tragen und lebendige Wesen, die im Wasser wimmeln und Vögel, die über das Himmelsgewölbe dahinfliegen und alle Arten von Vieh, Kriechtieren und Tieren des Feldes. Und jetzt spielen Sie lieber Gott: Das Vieh mit der Tomate und den Pflanzen des Feldes in einem flotten Dreier: Spagetti Bolognese. Zum Beispiel... Oder das hier:

BEISPIEL: HACKFLEISCH-GEMÜSE-PFANNE

Schmeckt super zusammen mit Reis, Nudeln oder Kartoffeln, und macht schon richtig was her. Hackfleisch anbraten ist weitgehend idiotensicher, das haben wir weiter oben schon festgestellt. Gemüse dagegen schmeckt am besten, wenn es die richtige Balance hat aus gar und bissfest. Also liegt es nahe, erst mal das Hackfleisch anzubraten und dann das Gemüse dazuzugeben, und es nur solange in der Pfanne zu lassen, bis es die richtige Konsistenz hat. Mit Deckel drauf geht's schneller. Vorher natürlich die übliche Vorbereitung mit putzen, waschen, kleinschneiden. Und wieder dran

> denken: Festes Gemüse, z.B. Möhren, braucht länger als weiches Gemüse, etwa Zucchini. Also erst die Möhren dazu und später die Zucchini. Und wenn dann doch die Möhren ein wenig zu hart geblieben sind oder die Zucchini ein bisschen zu weich, dann denken Sie daran: Das alles ist nur eine Veredelung dessen, was eh schon schmeckt, es kann also fast nur besser werden. Jetzt geben Sie vielleicht noch einen Schuss Wasser zum Gemüse, dann brennt nichts an und das Ganze schmeckt nicht so trocken. Salz, Pfeffer dazu, nach Belieben auch Kräuter, oder – falls Sie viel Wasser zugegeben haben – auch ein bisschen Instant-Gemüsebrühe. Und fertig.

Angenommen, Sie wählen Reis als Beilage für die Hackfleisch-Gemüse-Pfanne. Dann könnten Sie ja auch – wenn Sie mögen – den gekochten Reis mit in die Pfanne geben und dort noch kurz mitbraten. Das wäre dann schon fast „Nasi Goreng", ein in Indonesien und Malaysia und inzwischen auch bei uns beliebtes Gericht. Nur dass statt Hackfleisch eher Streifen aus Hähnchenbrust oder Rindfleisch genommen werden – ist ja auch kein Problem. Fügen Sie dann noch ein paar asiatische Gewürze hinzu wie Kurkuma oder Curry, Sojasoße und Sambal Oelek (gibt's alles im Supermarkt um die Ecke), dann ist Ihr Nasi Goreng perfekt. Lassen Sie das Fleisch weg, haben Sie eine vegetarische asiatische Gemüsepfanne.

Hier zeigt sich: Egal ob Sie auf blond oder brünett stehen, auf dunkle oder helle Typen, ob groß oder klein – mit etwas Abwechslung und der richtigen Kombination macht das Leben mehr Spaß. Und letztlich geht es doch immer nur um das eine beim Kochen: nämlich die Grundzutaten zu garen und in unterschiedlicher Weise zu kombinieren. Ändern Sie die Kombination ein wenig ab, und schon haben Sie ein völlig anders lautendes Gericht auf dem Teller. Und wie man sieht, funktioniert das interkontinental. Oft sind es nur die Gewürze, die den landestypischen Charakter ausmachen. Manchmal auch spezielle Zutaten, die nicht in jedem Land gebräuchlich sind.

Wenn wir schon so global unterwegs sind, wollen wir einen internationalen Klassiker nicht vergessen:

Das erste Ma(h)l

BEISPIEL: EINTOPF

Der deutsche Eintopf besteht klassischerweise aus Fleisch, Kartoffeln und Gemüse. Wie gehen Sie vor? Erst mal überlegen, was rein soll. Fleisch. Welches Fleisch? Typisch ist Rindfleisch. Kann aber auch Schweinefleisch sein, oder – warum nicht – auch mal Geflügel. Da es eh weichgekocht wird, muss es nicht gerade Filet-Fleisch sein, lassen Sie sich doch von der freundlichen Fleschereiverkäuferin beraten, die freut sich schon auf Ihren Besuch. Kartoffeln, easy... Und Gemüse – da geht eigentlich auch alles. Bedenken Sie aber, dass feine Röschen wie etwa beim Brokkoli natürlich schnell verkochen werden und dann in Einzelteile aufgelöst durch den Eintopf schwimmen. Wie gehen Sie jetzt vor? Das einfachste wäre natürlich, alle Zutaten in einen Topf mit Wasser zu werfen und kochen, bis alles gar ist. Dann nur noch würzen, falls nötig noch Instant-Brühe dazugeben, und dann: guten Appetit!

Sie können aber auch das Fleisch erst mal anbraten, damit es appetitlich braun wird und sich Röststoffe bilden. Dann könnten Sie die Kartoffeln und das Gemüse mitdünsten, erst die festen Zutaten (z.B. Möhren und Kartoffeln), dann das weichere Gemüse, und erst danach mit Wasser auffüllen. Oder in nur wenig Wasser schmoren lassen. Oder mit Wein ablöschen und darin schmoren lassen. Viele Wege führen eben nach Rom, und Sie als Koch sind der Abenteurer, der sich bis zum Ziel durchschlägt.

Daneben gibt es ungefähr tausend Variationsmöglichkeiten. Denn ein Eintopf ist es immer, wenn alle Zutaten in nur einem Topf gekocht werden – wie der Name schon sagt. Mögen Sie gern Bohneneintopf? Dann nehmen Sie als Gemüse eben hauptsächlich Bohnen. Rosenkohleintopf mit Mettwürstchen? Ganz wie Sie wollen.

Also, ran an den Speck! (Speck können Sie übrigens auch immer verwenden, sei es für den Eintopf oder für die Hackfleisch-Gemüse-Pfanne. Einfach zusammen mit dem Fleisch anraten, das gibt dann nochmal zusätzlich ein würziges Aroma.)

Das erste Ma(h)l

Jetzt haben Sie den Salat!

Das Hauptgericht ist abgefrühstückt, kommen wir zu Vor- und Nachspeise. Oder ist Salat eher als Beilage zu bezeichnen? Vielleicht ist Salat auch ein Hauptgericht...

Eigentlich könnte man Salat auch zur Kategorie Gemüse zählen, schließlich kann das meiste Gemüse auch als Salat zubereitet werden (z.B. Möhrensalat) und Salat oft auch als Gemüse (z.B. Chicorée). Der Unterschied ist doch eigentlich nur, dass (Salat-)Gemüse gekocht wird und warm verzehrt wird, während (Gemüse-)Salat meist roh und kalt gegessen wird. Aber zum Teil eben auch gekocht, siehe Rote-Bete-Salat oder Bohnensalat.

Also – es ist alles möglich, wieder einmal. Und wer sich bei Salat nicht mehr zutraut, als Tomaten und Gurken klein zu schneiden und mit Salz zu bestreuen, dem entgeht so manches. Aber: er hat auch so manches – Tomaten und Gurken nämlich. Was kann es doch für ein Genuss sein, die Roten und die Grünen so zärtlich vereint in einer Koalition zu sehen! Doch leider sind die Roten manchmal ein wenig geschmacklos, wenn nicht gar faulig, die Grünen sind gerne ein bisschen verwässert und fad. Deshalb ist es wichtig, dass man die Wahl mit Bedacht trifft. Ja, Regel Nummer 1 ist hier wieder das A und O. Probieren Sie frische, gute Salatzutaten einfach mal roh: Tomaten, Gurken, Mais, Sellerie, Möhren, vielleicht mit etwas Salz bestreut. Und sogar Blattsalat (Kopfsalat, Endiviensalat, Eisbergsalat...) macht im Käsebrötchen auch ohne Dressing eine gute Figur. Wenn das mal kein Genuss ist – dann wissen Sie, dass Ihnen minderwertige Zutaten verkauft wurden. Also: immer schön darauf achten, dass der Salat frisch ist, am besten der jeweiligen Saison entsprungen, am besten aus regionalem Anbau, dann haben Sie Freude daran.

> **BEISPIEL: TOMATE-MOZZARELLA**
>
> Ein einfacher Klassiker für mediterranen Genuss. Jeder hat es schon mal gesehen, jeder hat es schon mal gegessen, jeder weiß: Tomaten und Mozzarella in Scheiben schneiden, Fächerförmig anrichten. Jeder kann sich denken: Salz darüber streuen, wer mag auch Pfeffer. Dann kommt – nochmal genau in die Erinnerung schauen – Basilikum drüber und Öl. Am besten natürlich Olivenöl, weil mediterran. Manche

> träufeln auch noch Essig darüber. Dass Sie
> die Tomaten und das Basilikum vorher waschen, versteht sich von selbst. Mehr gibt's
> dazu nicht zu sagen. Guten Appetit!

Also wieder ein sehr einfaches, sehr leckeres Gericht. Und es ist eine Form von Salat, die ohne Dressing auskommt. Die meisten Salate jedoch werden Sie – oder etwa nicht? – *mit* Dressing essen wollen. Und spätestens hier greift der Koch-Anfänger lieber zum Knorr-Fertiggericht aus der Flasche oder der Tüte. Warum auch nicht. Besser Fertigdressing als gar kein Salat. Wenn Sie dann aber irgendwann genug haben vom immer ausgewogenen, immer runden und fast immer Glutamat-verstärkten Geschmack des Jogurt- und French-Dressings, dann, ja dann probieren Sie sich doch selbst im Anmachen. Es gibt ja genügend Flirt-Kurse, die einem beibringen, wie man das Objekt der Begierde anmacht. Aber das haben Sie gar nicht nötig, wenn Sie die beiden Grundregeln des Kochens beachten.

Erst mal: Was kommt rein ins Salatdressing? Essig, Öl, Salz, Pfeffer, Kräuter... Das fällt Ihnen vielleicht als erstes dazu ein. Hatten Sie nicht schon genau diese Zutaten an Tomate-

Mozzarella gemacht? Herzlichen Glückwunsch, Ihr erstes Salatdressing! Mehr braucht's nicht. In manch südlichem Land ist es gar üblich, den Salat ganz ohne Dressing zu servieren. Auf dem Tisch stehen nur: Salz, Pfeffer, Öl und Essig.

Das Geheimnis liegt in der Qualität: Kaufen Sie nur den guten, teuren Essig, das ist vielleicht noch wichtiger als die Qualität des Öls. Und es lohnt sich, schließlich reicht Ihnen eine Flasche Essig lange. Jetzt können Sie gar nicht mehr so viel falsch machen. Das Mengenverhältnis: Der denkbar einfachste Fall ist der klassischerweise verwendete: halb Öl, halb Essig. Die Menge: bei der unverdünnten Essig-Öl-Marinade weniger als man denkt. Mit dem Salz nicht geizen.

> **TIPP**
>
> Das Dressing darf beim Kosten ruhig scharf und würzig schmecken. Wenn es erst mal in den Salat eingezogen ist, wird's genau richtig.

Jetzt noch etwas Pfeffer dazu und wer mag, noch andere Aromen: kleingehackte Zwiebeln, Knoblauch, Kräuter (z.B. Petersilie, Schnittlauch, Dill), etwas Zucker, ein Schuss Senf. Mit etwas Joghurt, Milch oder Sahne wird das Dressing milder. Zitronensaft statt Essig gibt dem Salat einen frischen Kick. Experimentieren Sie einfach mit den Varianten!

Und dann gibt's natürlich noch Mayonnaise – als Zugabe zum Essig-Öl-Dressing oder als alleiniges Dressing. Was ist das Geheimnis der Mayonnaise? Schauen Sie mal auf die Zutatenliste einer fertigen Mayonnaise, dann stellen Sie fest: Letztlich ist auch das nur ein Essig-Öl-Dressing, mit dem Unterschied, dass das Öl mit einem Emulgator gebunden wird und so eine cremige Masse entsteht. Mayonnaise selber machen? Etwas heikel, denn Sie müssen als Emulgator frisches Eigelb nehmen, hoffentlich salmonellenfrei; die Mayonnaise ist dadurch auch nicht so lange haltbar. Gehen Sie doch zum Supermarkt, da gibt's neben der klassischen Mayo auch die fettarme Variante als Salatcreme.

Jetzt haben Sie schon einige Variationen zusammengestellt, um Dressings für quasi alle Arten von Salat zu machen. Zum Beispiel für Kopfsalat mit Mais, Champignons und Schafskäse. Für Blumenkohlsalat oder Bohnensalat. Oder für Eisbergsalat mit Oliven, Schinken, Thunfisch und geraspeltem Emmentaler. Dazu eine Scheibe frisches Brot – das perfekte Dinner!

Jetzt haben Sie den Salat!

Sie sehen, hier ist wieder mal Ihre Kreativität gefragt. Es gibt kaum etwas, was man nicht in den Salat schneiden könnte. Oder noch weitergehend: Es gibt kaum etwas, woraus man keinen Salat machen könnte. Salat aus Gemüse? Da geht noch mehr! Wie wär's mit Salat aus: Kartoffeln, Nudeln, Reis, Wurst, Käse, Eier, Fisch, Schrimps, Obst?

Nun, abgesehen vom Obstsalat – der gehört ins Kapitel „Dessert" – ist es doch immer dasselbe: Zutaten nach Wahl werden klein geschnitten (soweit erforderlich) und mit Essig-Öl-Dressing oder einer der anderen Dressing-Varianten vermischt. Moment – hat nicht Beate demnächst Geburtstag? Na klar, die feiert doch am Samstag, die Einladung liegt schon seit zwei Wochen in Ihrem E-Mail-Postfach, hätten Sie ja fast vergessen. „Wer mag, kann einen Salat mitbringen", steht da drin. Kein Problem, nehmen Sie doch den Klassiker:

> BEISPIEL: NUDELSALAT
>
> Der Partykiller: Nudeln kochen, Erbsengemüse aus der Dose und Mayonnaise daruntermischen, fertig. Trocken, langweilig, fad. Mit Liebe kochen, Regel Nummer 2, geht anders. Also bringen Sie doch etwas

Das erste Ma(h)l

Pepp ins Dressing, etwa indem Sie etwas Essig, Öl und Jogurt zur Mayo geben, dann wird das Ganze auch nicht so trocken. Und gerne auch frische Salatkräuter dazu, und dann nochmal schön mit Salz und Pfeffer abschmecken. Statt dem langweiligen Dosengemüse können Sie die Nudeln doch auch mit frischem Gemüse vermengen, zum Beispiel gewürfelte Tomaten und Gurken, aber auch Blumenkohlstückchen, geraspelten Möhren. Oder die süße Variante mit Obst-Stückchen drin, oder die deftige Art mit gekochtem Schinken und Käse, vielleicht auch Fisch... Seien Sie kreativ – oder schauen sie, was der Kühlschrank gerade hergibt!

Suppenliebe

Möchten Sie Ihren Liebsten / Ihre Liebste mit einem leckeren Essen verführen? Dann kochen Sie Suppe. Denn Suppe ist SUPPErlecker und SUPPErsinnlich. Und – manch einer mag staunen – Suppe ist SUPPEreinfach. Nehmen wir mal Nudelsuppe: Wasser kochen, Tütensuppe rein, fertig. Ja, ja, Fertiggerichte sind immer einfach, aber in diesem Fall ist Selbermachen genauso einfach: Instant-Gemüsebrühe oder Instant-Fleischbrühe ins kochende Wasser geben, Menge steht auf der Packung oder einfach nach Geschmack, und darin dann die Suppennudeln kochen. Ist nicht ganz selbstgemacht, ja, aber fühlt sich fast so an. Instant-Brühe und Tütensuppe gibt's mittlerweile auch ohne Geschmacksverstärker, dann schmeckt's natürlicher.

Der nächste Schritt könnte dann sein: etwas Gemüse in die Nudelsuppe schnippeln und mitkochen. Oder auch Suppenfleisch, fragen Sie danach Ihre sympathische, nette Fleischereiverkäuferin.

BEISPIEL: SELBSTGEMACHTE GEMÜSEBRÜHE

Gemüsebrühe kann man natürlich auch selbst herstellen, aber das ist recht aufwändig. Oder? Schauen wir uns nochmal die Nudelsuppe mit Gemüse von vorhin an. Wenn Sie hier die Nudeln weg lassen, haben Sie eine Gemüsesuppe mit Instant-Brühe. Wenn Sie das Instant-Pulver weglassen, haben Sie eine Gemüsesuppe. Und wenn Sie das Gemüse nachdem es weichgekocht ist herausnehmen, haben Sie... eine selbst hergestellte Gemüsebrühe. Das Wasser hat beim Kochen den Geschmack des Gemüses angenommen. Salz und Pfeffer dazu, fertig. Nun können Sie wieder nach Belieben Suppennudeln oder was auch immer zugeben.

Wenn die Brühe einen kräftigen Gemüsegeschmack haben soll, dürfen Sie natürlich bei der Gemüsemenge nicht sparen, beziehungsweise nicht zu viel Wasser zugeben. Machen Sie doch erst mal nur so viel Wasser in den Topf, dass die Gemüsestückchen gerade davon bedeckt sind.

Suppenliebe

> Wenn es der Geschmack hergibt, können Sie ja später noch mehr Wasser zugeben. Und wie wär's denn, wenn Sie das Gemüse vorher mit Zwiebeln ein wenig andünsten? Das könnte einen feinen Geschmack geben. Einen Bund Kräuter mitkochen, z.B. Petersilie, kann auch nicht schaden.

Wenn Sie es nicht übers Herz kriegen, das weichgekochte Gemüse in den Abfall zu werfen, dann lassen Sie es doch einfach drin! Dann ist es eben eine stückige Gemüsesuppe. Oder Sie nehmen sich einen Pürierstab oder einen Mixer und pürieren das Gemüse – und schon haben Sie eine leckere Gemüsecreme-Suppe.

> TIPP
>
> Mit etwas Sahne oder Créme fraîche wird Ihre Gemüsecreme-Suppe noch cremiger. Das können Sie schon im Kochtopf zugeben, oder aber etwas davon auf die Suppe im Teller geben, vielleicht ein paar frische Kräuter drüber streuen... Voilà, ein Genuss für Gaumen und Auge!

Welches Gemüse eignet sich eigentlich für Gemüsesuppe? Für nur zum mitkochen und dann wegwerfen eignet sich billiges und geschmacksintensives Gemüse, wie Lauch, Sellerie und Möhren. Diese drei werden im Supermarkt auch gerne zusammengebunden und als „Suppengemüse" verkauft. Und gerade Sellerie ist ja auch für seine aphrodisierende Wirkung bekannt... SUPPEr!

Aber ansonsten auch alles, was Sie mögen: Broccoli, Paprika, Tomaten, Pilze. Und wenn eine der Gemüsesorten, z.B. Broccoli, die Hauptzutat bildet, dann haben Sie eben Broccolicreme-Suppe; andernfalls eben Tomatensuppe, oder Kürbiscreme-Suppe. Oder – sehr lecker – Kartoffelsuppe. Das Prinzip ist immer dasselbe.

Süße Sünde: Das Dessert

Mit der Suppe können Sie Ihren Partner für sich gewinnen, aber spätestens mit der Nachspeise liegt er ihnen zu Füßen – wenn Sie mit Liebe kochen. Aber auch für den Genuss ganz alleine sind Süßspeisen eine willkommene Form der Selbstbefriedigung.

Und wie geht das? Die Kühlregale Ihres Supermarktes bieten jede Menge Auswahl an Pudding mit Sahne, Milchreis, oder Jogurt mit Zupfkuchengeschmack. Auf eines können Sie sich bei all diesen Produkten verlassen: eine mächtige Portion Zucker. Oder die „Süße aus Früchten" – also Zucker.

Und mit dem Zucker ist es ja so eine Sache. An welchem Tag der Schöpfungsgeschichte hat der liebe Gott noch den Zucker erschaffen? Die Bibel gibt darüber nicht so recht Auskunft. Am dritten Tage waren „alle Arten von Pflanzen, die Samen tragen" und „Bäume, die auf der Erde Früchte bringen" dran. Damit hat er auch den Fruchtzucker geschaffen, und „Gott sah dass es gut war." Aber ob es auch so gut war, den Menschen die Gier nach Zucker einzupflanzen? In der Steinzeit bestimmt, denn Zucker ist Energie, und Energie heißt überleben. Aber nun kamen ja die Menschen auf die Idee, den Zucker aus Rübe oder Zuckerrohr zu extrahieren, und das weiße Gold kiloweise zu verzehren, und Gott sah, dass es nicht gut war. Karies, Diabetes, Übergewicht und die daraus resultierenden Krankheiten machten Zucker zu einem der schädlichsten Stoffe unserer Wohlstandsgesellschaft. Wenn das Zeug nur nicht so verdammt lecker wäre!

Kann denn Süßes wirklich Sünde sein? Nicht, wenn es uns gelingen würde, Zucker in Maßen zu konsumieren. Eben in solchen Maßen, wie er in den „Pflanzen die Samen tragen" vorkommt. Zum Beispiel in Obst. Zu langweilig, schmeckt Ihnen nicht? Dann kaufen Sie doch einfach einen Smoothie, verschiedene Obstsorten püriert in einer appetitlichen Flasche abgefüllt. Da brauchen Sie sich keine Gedanken mehr zu machen über Obstauswahl, über das Waschen, Schälen oder ähnliches. Ja Sie haben noch nicht mal mehr das Gefühl, Obst zu konsumieren, Sie trinken einen coolen Smoothie.

Wenn Sie aber noch einen Bezug zu Ihrem Nahrungsmittel behalten möchten, wenn Sie eine Mahlzeit von einem Getränk unterscheiden möchten, dann greifen Sie zum Obstregal. Oder noch besser, gehen Sie zum Wochenmarkt. Natürlich gibt es auch dort jede Menge fad schmeckendes oder überreifes Obst. Aber mit ein wenig Gespür finden Sie da auch herrliche knackigsüße Äpfel, vollreife Bananen, süße Melonen und fruchtige Trauben. Beachten Sie Regel Nummer 1 und Obstessen macht wieder Spaß.

Spaß macht es auch, das Obst zu einem schönen Dessert aufzubereiten. Essen Sie Ihr Lieblingsobst einfach mit Jogurt oder Quark, versüßen Sie es mit Schoko-Soße (gibt's fertig in der Flasche), oder zaubern Sie mit Speiseeis einen herrlichen Fruchtbecher. Ob das Obst geschält werden muss (z.B. Orangen) oder mit Haut gegessen werden kann, liegt meist auf der Hand. Im Zweifel ausprobieren: Was schmeckt, ist erlaubt. Mit Haut ist bekanntlich gesünder, wegen der Vitamine *unter* der Haut. Dann aber gut abwaschen vorher, wegen dem Spritzmittel *auf* der Haut. Schälen geht mit dem Sparschäler oder mit dem scharfen Küchenmesser. Ansonsten einfach alles wegschneiden, was nicht schmeckt: die Kerne in der Honigmelone, die weiße Innenhaut der Orange, und so weiter.

> BEISPIEL: OBSTSALAT
>
> Ein Smoothie in Stückchen, quasi. Da kann man nicht viel falsch machen: Lieblingsobst

> waschen bzw. schälen, in Stücke schneiden, vermischen, genießen. Wer mag macht noch Zucker dazu. Oder eine Portion Schlagsahne. Am besten schmeckt's, wenn süße, saure und milde Obstsorten sich die Waage halten. Wenn Sie dazu Äpfel verwenden, werden Sie feststellen, dass die Apfelstücke an der Luft braun werden. Da hilft nur: sauer machen. Mit saurem Obst mischen, oder Zitronensaft dazugeben, denn Säure verhindert den Bräunungsprozess. Und Bananen, die werden auch braun, und matschig. Ein Obstsalat kommt auch ohne Bananen aus.

Süßes kann also gesund *und* lecker sein. Dennoch: wer will schon immer frei von Sünde leben? Man muss ja nicht gleich ein Zölibat ablegen. Und wenn Beate mal wieder zu Besuch ist, dann wollen Sie doch bestimmt ihre Lust befriedigen. Und dazu brauchen Sie Zucker, viel Zucker.

Wie wär's also zum Beispiel mit Pudding? Gerne *mit* Sahne aber *ohne* Plastikbecher, denn selbst gemacht schmeckt er einfach besser als aus dem Kühlregal. Selbst gemacht soll hier heißen:

mit Puddingpulver. Wie das geht steht auf der Packung, aber wer sich bewusst macht, was Pudding ist, braucht noch nicht mal eine Anleitung:

Pudding ist Milch, die mit Speisestärke eingedickt wird, mit Aroma verfeinert und mit Zucker gesüßt wird. Das ist alles. In der Puddingpackung befindet sich Speisestärke für ½ Liter Flüssigkeit und das Aroma (hier: Schokolade), sonst nix.

Man muss sich jetzt einmal klarmachen, was das Wesen von Speisestärke ist: Wird Speisestärke in kochende Flüssigkeit eingerührt, wird diese sofort dickflüssig. So schnell, dass die Stärke verklumpt. Das wollen wir nicht. Also wird sie zuvor in kalter Flüssigkeit aufgelöst, quasi verdünnt. Jetzt kann sie problemlos in die kochende Flüssigkeit eingerührt werden.

Damit erklärt sich auch das Prozedere der Puddingzubereitung, wie es auf dem Päckchen steht: Einen halben Liter Milch zum Kochen bringen, aber vorher etwas von der kalten Milch abnehmen, um das Puddingpulver darin aufzulösen. Wenn die Milch heiß ist, wird das aufgelöste Pulver eingerührt, plus Zucker nach Belieben (meist werden drei Esslöffel empfohlen). Nach kurzem Kochen ist die Milch eingedickt, der Pudding ist fertig.

Die Sache mit der Stärke eignet sich auch prima, um alle Arten von Soßen einzudicken oder sämig zu machen. Deshalb lohnt es sich immer, eine Packung Speisestärke im Haus zu haben. Das Prinzip ist dasselbe wie beim Pudding: Etwas Stärke in kaltem Wasser auflösen, und dann in die Soße einrühren, z.B. in die Bratensoße. Nur nicht zu viel, sonst haben Sie am Ende Pudding mit Bratengeschmack. Am besten Sie gießen nach und nach etwas von dem Stärke-Wasser-Gemisch ein und beobachten, was mit der Soße passiert.

Und plötzlich klingelt es an der Tür. Beate! Sie haben sie eingeladen, um ihr zu zeigen, was Sie schon gelernt haben. Also haben Sie sich aus Beates Kochbuch ein paar schöne Rezepte ausgesucht, aber – und das muss Beate nicht wissen – nur als Anregung, und so kochen Sie letztlich Ihr eigenes Süppchen. Sie haben frische Zutaten gekauft und zaubern daraus mit viel Liebe eine leckere Hauptspeise mit Gemüse, Reis und Fleisch - natürlich mit selbst gemachter Bratensoße, die Sie mit der neu erworbenen Speisestärke schön sämig bekommen haben. Beate ist entzückt, ab jetzt will sie Ihnen jedes Jahr zum Geburtstag ein neues Kochbuch schenken. Sie sind ebenfalls entzückt und schreiten zur Nachspeise, Schokoladenpudding soll's geben. Da läuft es Ihnen eiskalt den Rücken herunter: Das letzte Päckchen Puddingpulver musste bei Ihrem letzten Date dran glauben. Nun gut, das Date war wirklich erfolgreich, der Schokopudding war also gut investiert. Aber jetzt stehen Sie vor Beate mit leeren Händen da.

Aber zum Glück haben Sie das Prinzip des Puddingkochens verstanden, und das eröffnet Ihnen ungeahnte Möglichkeiten:

> BEISPIEL: SCHOKOPUDDING (SELBSTGEMACHT)
>
> Sie holen also die Speisestärke aus dem Schrank, mischen ein paar Löffel davon mit etwas Kakaopulver (auch das ist in Ihrer gut geführten Küche vorrätig). Wie viel? Ungefähr wissen Sie ja, welche Menge in einem Päckchen Pudding drin ist, das passt dann zu etwa einem halben Liter Milch. Jetzt die übliche Pudding-Zubereitung, und schon sind sie der König oder die Königin der Küche.

Nun gut, das Verhältnis von Stärke, Kakao und Milch ist hier nicht so genau aufeinander abgestimmt wie bei Dr. Oetker, und so ist der Pudding nur dickflüssig statt fest geworden. Aber das stört Beate nicht im Geringsten. Denn eines steht fest: Ihr „Halbflüssiger Pudding nach Art des Hauses" schmeckt ganz hervorragend.

Epilog

Essen ist ein bisschen wie Sex, und Kochen ist das Vorspiel. Und Sie sind ein Naturtalent, das haben Sie jetzt bemerkt. Ja, Sie können kochen, vielleicht noch mit einfachen Mitteln, aber auf alle Fälle verdammt lecker.

Sie haben sich klargemacht, was Kochen bedeutet. Dass es keine Kunst ist. Origami ist eine Kunst. Kochen aber ist eine Selbstverständlichkeit. So wie Sprechen oder Gehen – irgendwann kann man es automatisch. Deshalb haben Sie in den letzten 16 Kapiteln auch nur Selbstverständlichkeiten gelesen. Zum Beispiel, dass ein gutes Essen gute Zutaten braucht, Regel Nummer 1. Und dass ein wenig Sorgfalt von Nöten ist, um die guten Zutaten beim Kochen nicht kaputt zu machen, Regel Nummer 2. Last but not least haben Sie sich klargemacht, dass man mit gesundem Menschenverstand viel erreichen kann – auch und gerade in der Küche. Und wenn Ihnen das alles schon klar war, dann hat Ihnen vielleicht nur der Mut gefehlt, etwas ohne Rezept zu kochen.

Bleiben Sie mutig! Probieren Sie viel. Manches wird schief gehen und noch viel mehr wird wunderbar gelingen. Nehmen Sie ruhig auch ab und an ein Rezept zu Hilfe. Aber verwenden Sie maximal 80 Prozent der dort angegebenen Zutaten – der Rest ist Ihre eigene Kreativität. Oder das was Ihr Kühlschrank gerade hergibt.

Und sollten Sie mal wieder einen Menschen treffen, der Angst hat vor dem ersten Ma(h)l, dann schenken Sie ihm dieses Buch.

Sie brauchen es jetzt nicht mehr.